改訂増補

セルフヘルプ・グループと
サポート・グループ実施ガイド

始め方・続け方・終わり方

高松里 | 著
Satoshi Takamatsu

Practical Guide to the Self Help Group
and the Support Group:
How to Open, Continue, and Close

金剛出版

改訂増補版について

　本書の旧版は，2004年に発行されました。私にとっては，記念すべき最初の単行本でした。

　「マニュアル」という形にこだわり，誰にでも使える本を目指しました。私がお伝えしたかったことは，**いくつかのポイントを押さえておけば，グループは誰にでも作ることができる**，というものでした。

　旧版の最初には，次のように書きました。

　　軽いフットワークで歩き出そう
　　とにかく始めてみること
　　失敗したところで失うものなど何もない

　そのときの私の意気込みです。あなたはこの世でひとりぼっちではない，きっと仲間がいる，あなたの経験は誰かの役に立つ，だからこの世界に向けて新しい一歩を踏み出そうではないか，というメッセージでした。

　旧版は，多くの方が手に取ってくださり，この本を参考にグループを始められた方もたくさんいます [1]。この本の良かった点は，おそらく「情報量が多すぎない」ということだったと思います。必要最小限ということを心がけました。グループをどう作るのかについては，ほかにも本が出されていますが，あまりにも詳細すぎて，専門家の私でも最後まで読み通すことが難しい

---

[1] 2009年には，実践集である『サポート・グループの実践と展開』（高松 里＝編・金剛出版）を出版しました。大学や病院，児童相談所，地域社会での実践事例をたくさん載せることができました。

ものもあります。あるいは逆にあまりに簡単すぎて，これだけの情報では，新しくグループを始めるのは難しいと感じるものもありました。ですから，改訂増補版でも「シンプルで，なおかつ必要なことは網羅する」ということを踏襲しています。

　上述したように，グループを作ること自体はそれほど難しくはないと私は思っています。最初は人が集まらなかったり，グループ内で色々と試行錯誤することになると思いますが，数年で安定することが多いようです。ただ，難しいのは2点です。

　第1点は，ある程度形ができたあとに，「どうやって一人ひとりの語りを保障するか」ということです。話したかったことが話せなかったとか，なんとなく自分の居場所がなくて辛かった，というようなことはよく起きます。私はグループ・アプローチが専門ですので，グループの組み立て方やファシリテーションについては色々と経験があります。改訂増補版ではそれを第3部にまとめました。すでにグループを運営されている方にとっても，役に立つ情報ではないかと思います。席順や椅子の配置についても新たに書き加えました。

　第2点は，グループを終えることです。解散の方法や，備品や会費の処理の仕方について触れている本はほとんどありません。

　また，「サポート・グループ」についての明確な定義を試みたのは，旧版が日本で最初です。セルフヘルプ・グループは**本人**[2]**のみによるもの**，サポート・グループは**本人以外の専門家などによって運営される**ものという違いを強調しています。この違いを指摘することにより，色々な人によってグループが開催されることが可能になりました。サポート・グループとセルフヘルプ・グループの両方があった方が，困っている人にとっては助けになると考えています。

---

[2]「当事者」という表記も考えましたが，ここでは「本人」としています。詳しくは本書コラム④「「セルフヘルプ・グループ」と「当事者グループ」」をご覧ください。

さて改訂増補版では，どこが改訂されたのでしょうか？

①「ワークシート」[3]（旧版では「チェックリスト」）を1枚にまとめた

　旧版ではセルフヘルプ・グループとサポート・グループについて，それぞれの「チェックリスト」を載せていました。チェックリストの説明が，本のあちこちにあったので，少し面倒だったと思います。今回の改訂で見やすくなったはずです。

②ワークシートの内容や順番を使いやすいように変更した

　グループ開催準備の時間的流れに沿って記入できるようにしました。また，旧版では少し詳しすぎて煩雑な部分[4]があったので，それは第3部にまとめて記述することにしました。

③言葉の説明や引用文献については脚注に記入した

　文章の途中に細かい説明が入らないように，専門用語や引用文献は脚注にまとめました。さらに旧版の読者の皆さんのために，どこが旧版と違うのかを明確にしました。

④第3部にファシリテーター（促進者）の役割とグループの理論的説明を入れた

　旧版の「チェックリスト」に書かれていたファシリテーターの役割について細かく説明をしました。また，よりグループを深く理解するための理論的解説を入れました。

---

[3] 記入しながら考える，という意味では，「ワークシート」という名称の方が適していると考えました。
[4] サポート・グループのファシリテーターの機能などを，旧版ではチェックリストに入れていたのですが，あまりに詳しすぎたため，改訂増補版では第3部にまとめました。

⑤コラムや付録を増やした

　新たにいくつかコラムを書きました。また「付録」として，グループについてさらに知りたい人や研究をする人に役立ててもらえるように，読書案内を付けました。これまで日本で出版されたセルフヘルプ・グループとサポート・グループに関する著書のほぼ全てを紹介しています。

　そのほか，旧版が出版されたのは16年前でしたので，時代に合わせて細かな修正を入れています。

　私が初めて世に出した本が，また新しくなって復活するということは，とても嬉しいことです。この本を読んだ方が，新しいネットワークを作り，お互いに支援し合えるような，おだやかで優しい世界を作り出していってくれることを願っています。

　新しく踏み出す第一歩のために，アフリカの諺を紹介します。

　　速く行きたいのなら，ひとりで行きなさい
　　遠くに行きたいのなら，みんなで行きなさい

　2020年11月

高松 里

目　次

付録

コラム

セルフヘルプ・グループと
サポート・グループ

導入イメージ：グループはこんな感じです

セルフヘルプ・グループやサポート・グループがどのようなものか，この第1部には定義や目的などが書かれています。

でもその前に，グループの大まかなイメージを持ってもらった方が良いと思います。つまりグループへ行くまでのプロセス，そこで何を経験するのか，などです。もちろん，グループはさまざまですから，以下はひとつの例に過ぎません。それでも，グループがどのように動いて，どのように人々を援助していくのか，理解しやすくなると思います。

あなたは難病だと告げられました[1]

これまでの人生では予想もしていなかった事態に陥る，という場面を想像してみましょう。

あなたは疲れがたまったせいなのか，体調が悪くて，前のようには働けなくなりました。そこで病院に行って検査を受けますが，「悪いところは何もありません」と言われます。そう言われても体調は徐々に悪くなっていきます。いくつかの病院で検査を受けているうちに，「あなたの病気は，〇〇という難病です」とようやく診断が出ます。診断が出るまでにすでに数カ月経っていますし，診断は受けたものの，「原因も治療法も確立していないので治すことは難しい」と告げられます。どうしたら良いのか途方に暮れます。

家でインターネットで調べてみると，自分の症状から見て，やはりその病気のようです。いくつかの治療法が書いてありますが，近くの病院でその治療を受けられるのかどうかはわかりません。またどう見ても怪しい治療法なども書いてあります。だんだん暗い気分になります。このまま体調が悪くて，仕事を辞めてしまったら，自分の人生はどうなるのでしょう。少しでも効果

---

[1] 私はこのところ，「難病ピア・サポーター養成講座」の講師をしています。世の中には，知られていない病気がたくさんあることがわかりました。自分がそういう病気になる，ということは青天の霹靂でしょう。でもそういうことは人生のなかで時々起こります。

があるという治療法を試してみるべきでしょうか。でも，一体だれに相談すれば良いのかわかりません。家族や友人も心配してくれますが，「いやー，大丈夫だよ」と強がって見せます。家族や友人は健康な人たちです。そんな人たちに，自分の不安な気持ちはわかってもらえないような気がします。というより，自分でも，自分の状態がよくわからないのです。不安だったり，急に怒りが湧いてきたり，大丈夫だと思ったり，気持ちは安定しません。

そういうときに，同じ病気の人が集まっているグループがあることがわかります。同じ病気を持っている人たちだけで作られたグループが，「セルフヘルプ・グループ」です。また，心理や福祉の専門家が開いているグループが「サポート・グループ」です。

しばらく迷いますが，思い切って出かけることにします。それでも，行くまでには少し迷います。自分と同じような人がいるのだろうか，自分の症状なんて大したことがなくて場違いな感じがするのではないか，などと色々と考えてしまい，なかなか行けません。それでも決心して，ある日，出かけます。行ってみると，思ったより多くの人がいて，なんだか明るい雰囲気です。この人たちが本当に同じ病気の人たちなのかと心配になります。

尋ねられるままに，おずおずと自分の状況を語ります。語るといっても，どこからどう話せば良いのか最初はわかりません。とにかく，話せることを話すと，「それはよくわかります」とか，「私も同じでした」などと言ってもらえます。今まで，家族も理解してくれなかったことが，ここではちょっと話すだけで，わかってもらえた感じがします。ほっとしました。世界で一人だけ，という孤独な気分が少し安らぎました。

そして何度も通っているうちに，だんだん自分の症状をうまく説明できるようになっていることに気がつきます。ほかの人がどう表現するのかを毎回聞いているからです。また，最初は気がつかなかったような，症状の変化なども自分でわかるようになります。さらにこういう症状を持って，これからどうやって生きていくのかも少しずつイメージすることができていきます。なぜなら，そこにいる先輩の人たちが，身をもって示してくれるからです。

どういう時期に調子が悪くなるのか，どういう薬が役に立つのか，痛みが

あるときにはどうすればやり過ごせるのか，などがわかってきます。同じ病気を抱えていても，みんなが暗い表情をしているわけではなく，楽しそうに笑っている人たちもたくさんいます。

　そして，グループに通い続けて何年か過ぎました。病気自体が治ったわけではないのですが，少しずつ楽に生きられるようになってきました。家族や友人たちとの関係も変化してきました。前は周りの人の無理解に対して苛立っていましたが，今は冷静に自分の状態を話すことができるようになってきました。すると，周りの人たちも前より率直に，病気について聞いてくるようになりました。

　そして，あるとき，グループの先輩から，「講演会で病気の体験を話してくれる？」と頼まれます。うまく話せるかどうかわかりませんが，もし同じような病気に苦しんでいる人がいるなら，自分の経験を役に立ててほしいと思い，引き受けます。いつのまにか，病気になったことで仲間も増え，そしてそれが自分の人生の一部になっていることに気がつきます。「病気で良かった」とまでは言えませんが，「病気になったこと」は悪いことばかりではなかったし，病気にならなかったら気がつかなかったこともたくさんあると思い始めます [2]。

---

[2] 精神科医の成田善弘氏は，「病気を持つことはつらいことである。しかし病気を持つことによってはじめて開示される生きることの意味というものがあるような気がする」と表現しています（成田善弘（2019）『精神療法家のひとりごと』金剛出版）。

はじめに

　第1部では，セルフヘルプ・グループ，サポート・グループとはどういうものか，どんな種類があるのか，などを簡単に見ていきたいと思います。

　その前に，繰り返しになりますが，セルフヘルプ・グループとサポート・グループの違いについて，頭に入れておいてください。

　どちらもよく似ています。グループの基本的な枠組みはほとんど同じです。しかし，決定的な違いもあります。それは，セルフヘルプ・グループは全員が同じ問題を共有し，同じ立場で参加しているのに対して，サポート・グループは心理や福祉などの専門家[3]がグループを運営している，という点です。

　たとえば，精神障害者のグループの場合，メンバー全員が精神障害を持っているならば，それは基本的に「セルフヘルプ・グループ」とされます。同じ精神障害者のグループでも，発起人が専門家（臨床心理士・公認心理師[4]・医師・保健師・社会福祉士）などである場合は，「サポート・グループ」とされます。セルフヘルプ・グループはグループ作りから全部自分たちで行います[5]が，サポート・グループの場合は，グループの運営は専門家が担うことになります。

　なぜ2つのタイプがあるのかというと，目的が少し違うからです。

　セルフヘルプ・グループには，当事者ならではのパワーがあります。グループのリーダーたちは，寝食を忘れて活動に没頭したり，政府や社会に対して

---

[3] グループを運営している専門家が，同じ問題を共有している（当事者である）場合もあります。これはセルフヘルプ・グループに近いものとなりますが，全員が同じ立場で参加しているのではない，という意味で，サポート・グループとみなされます。
[4] 2018年から国家資格として「公認心理師」が認定されるようになりました。
[5] 自分たちの力で何かをなしえた，という経験はとても大事です。「自分たちは無力な存在ではない」「自分たちにも何かができる」という強い自尊感情が生まれます。それはセルフヘルプ・グループのメリットです。

要望を強く訴えたりします。グループの基本は「ミーティング」という話し合いであり，自分の経験を話すことが最も大事ですが，社会運動体 [6] として社会と関わろうとするグループもあります。

　それに対してサポート・グループは専門家主導で，グループの構造もシンプルであり，経験を語ることに時間を費やします。専門家は，グループのなかで精神的に不安定になった人に配慮するとか，新しく来た人への心遣いなどをしますので安全感は高いと思います。ただ，セルフヘルプ・グループのような迫力はありません。

　読者のみなさんは，どちらの立場にいるのでしょうか？　まずそれを考えると，グループの組み立て方がわかりやすくなります [7]。

　ところで，このようなグループを実施する意味は何でしょうか？　グループに行くと，どんな良いことがあるのでしょうか？「グループに出てみたら，長年かかえていた問題が解決した」ということは，残念ながら実際にはなかなか起きないと思います。それなのに，なぜグループをするのか，グループで得られるものとは何なのかを，本書全体を通して考えてみたいと思います。

016

[6] 社会運動体というものは，どうしても内部の意見を一本化する必要があり，そのために上下関係が生じやすくなります。リーダーとフォロワーという関係になる危険性があります。
[7] ただ，この分類はあまり正確ではありません。第3部で解説しますが，「当事者性のある専門家によるサポート・グループ」という形が実は多いのです。つまり，グループを主催する専門家自身が何らかの精神障害の経験者であるなど，メンバーと問題を共有しているタイプのグループがたくさん生まれています。

I　セルフヘルプ・グループ，サポート・グループとは何か？

1　セルフヘルプ・グループとは何か？

1.　定義

セルフヘルプ・グループは次のように定義されます（高松，2009）[8]。

> 　セルフヘルプ・グループ（self-help group）とは，同じ悩みや障害を持つ人たちによって作られた小グループのことである。その目的は，自分が抱えている問題を仲間のサポートを受けながら，自分自身で，問題と折り合いをつけて生きていくことである。問題解決を目指したり社会に対して働きかけるグループもあるが，解決できない問題（障害や死別など）とどうつきあっていくのかを考えるのもセルフヘルプ・グループの大きな特徴である。専門家がグループ開設・維持に協力することはあるが，基本的に本人たちの自主性・自発性が最も重視される。

つまり，同じ悩みを持った人たちが集まっているということです。

活動の中心は話し合い（ミーティング）で，原則的には「言い放し，聞き

---

[8]　この定義は，2009年に出版した『サポート・グループの実践と展開』に書いたものです。2004年の旧版の定義と違っているのは，「自分自身で解決あるいは受容していくことにある」という部分を，「問題と折り合いをつけて生きていく」に変更したことです。解決や受容は簡単ではありません。それより，その問題を持ったまま生きる，という方が現実に合っていると考えたからです。

放し」が多いようです。その場合は，ディスカッションは行われず，淡々と一人ずつ自分の経験を話していきます。また，「言い放し，聞き放し」ではなく，ディスカッションを行うグループもあります。この場合でも，相手の意見を変えようとしたり，説教したりすることは禁止されていることが多いと思います。

　セルフヘルプ・グループのリスト（pp.35〜37）を見てもわかるように，「治る」とか「解決する」ということが期待できない問題を扱うグループが多くあります。たとえば，アルコール依存症は，単に酒を止めれば治る，というものではありません。アルコールを飲んでいない状態は，「しらふの状態」が続いていると考え，アルコール依存症自体は一生続くと考えます。実際に，長く断酒していても，ほんの一杯のつもりで飲んだら，また元の連続飲酒に戻ってしまった，ということがあります。つまり，解決も終わりもなく，その問題とどう付き合っていくか，ということが課題になるグループが多いのです。

2. 「セルフヘルプ」という意味

　セルフヘルプ・グループでは，全員がまったく平等の立場にいて，お互いが支え合う，というところに大きな意味があります。「全員が平等」ということは，誰かが助ける側で，誰かが助けられる側，という区別がないということです。グループに行けば，同じような問題を持っている人がいますし，色々と助けてもくれます。しかし，最終的には，「自分自身で」その問題に取り組んでいかなければならないのです。本当は問題からは逃げたいし，目をそらしたい。しかし，問題と直面しなければならないときも出てきます。そんなときには，仲間が支えてくれます。

　私は，以前からこれらのグループがなぜ「self-help（自助）グループ」と呼ばれているのだろうかと考えてきました。お互いに助け合うのなら，「mutual-help（相互援助）グループ」と呼べばいいじゃないかと思っていたのです。しかし，たとえば，アルコール依存の人の，「アルコールを止める

か，死ぬか」という選択は，あくまで本人がしなくてはなりません。どちらを選ぼうと本人次第なのです。誰も責任を肩代わりしてくれない。これは孤独な作業です。自分と向き合う，という意味でやはり「自助（self-help）」なのだ，と思うようになりました（selfを"I"ではなく，"We"ととらえ，self-helpを「相互援助」とみなす解釈もあるようです[9]）。

3. 「12ステップ」を使うグループと使わないグループ

もうひとつコメントをしておきたいものが，「12ステップ」と呼ばれるものです。

もともとは，アルコール依存症の会であるAA（Alcoholics Anonymous＝アルコホーリクス・アノニマス）が作成したものですが，これを応用して，主に依存症関係のグループで用いられています。

AAの12ステップ

1. 私たちはアルコールに対し無力であり，思い通りに生きていけなくなっていたことを認めた。
2. 自分を超えた大きな力が，私たちを健康な心に戻してくれると信じるようになった。
3. 私たちの意志と生き方を，自分なりに理解した神の配慮にゆだねる決心をした。
4. 恐れずに，徹底して，自分自身の棚卸しを行ない，それを表に作った。
5. 神に対し，自分に対し，そしてもう一人の人に対して，自分の過ち

---

[9] 岩田泰夫氏は，次のように書いています（岩田，2010／本書付録③を参照のこと）。「セルフヘルプグループを訳して「当事者集団」とか「自助グループ」などと呼ばれることがある。しかし，〈自助−相互援助〉グループと訳すか，そのままセルフヘルプグループというのが正解である。それは，セルフヘルプ・グループでは自助ばかりではなく，相互援助がなされるからである」（p.55）。

の本質をありのままに認めた。

6. こうした性格上の欠点全部を，神に取り除いてもらう準備がすべて整った。

7. 私たちの短所を取り除いて下さいと，謙虚に神に求めた。

8. 私たちが傷つけたすべての人の表を作り，その人たち全員に進んで埋め合わせをしようとする気持ちになった。

9. その人たちやほかの人を傷つけない限り，機会あるたびに，その人たちに直接埋め合わせをした。

10. 自分自身の棚卸しを続け，間違ったときは直ちにそれを認めた。

11. 祈りと黙想を通して，自分なりに理解した神との意識的な触れ合いを深め，神の意志を知ることと，それを実践する力だけを求めた。

12. これらのステップを経た結果，私たちは霊的に目覚め，このメッセージをアルコホーリクに伝え，そして私たちのすべてのことにこの原理を実行しようと努力した。

＊JSOの許可のもとに，ホームページから引用

　第1ステップには「私たちはアルコールに対し無力であり，思い通りに生きていけなくなっていたことを認めた」とあります。「俺はアル中なんかじゃない。いつでも止められる」と言っている間はアルコール依存は止まりません。「もうだめだ。アルコールを止めるか，死ぬかのどちらかだ」という状態（「底つき」と呼ばれます）にならないと，回復が始まらない。自分の意志ではどうしようもないものがある，という事実を受け入れていくことになります。そこで，「アルコールに対し無力」という言葉が出てくるわけです。

　ここにさまざまな言葉が入ります。「私たちは薬物に対し無力」とか「私たちは過食に対し無力」などになるわけです。このステップをガイドラインにして，自分たちの問題について話し合っていきます。アノニマス・グループ（匿名グループ）の多くが，このステップを使用しています。

　セルフヘルプ・グループ全体のなかでは，12ステップを使うグループは多くありません。でも，自分たちのグループで，このステップが役に立つと思っ

たら，使ってみてはいかがでしょうか。

2 サポート・グループとは何か？

1. サポート・グループの定義

サポート・グループ[10]は次のように定義されます（高松，2009）[11]。

> サポート・グループ（support group）とは，特定の悩みや障害を持つ人たちを対象に行われる小グループのことである。その目的は，仲間のサポートや専門家の助言を受けながら，参加者が抱えている問題と折り合いをつけながら生きていくことである。専門家あるいは当事者以外の人びと[12]によって開設・維持されるが，参加者の自主性・自発性が重視される相互援助グループである。

サポート・グループは，通常，専門家によって実施されます。臨床心理士（公認心理師）や社会福祉士，看護師などが実施することが多いと思います。専門家が運営していると，謝礼などが必要になる場合があり，参加費が高くなる可能性があります。その代わり，専門家がグループの動きをチェックし

---

[10] 他の本でサポート・グループを定義したものとして，Kurtz（1997）のものがあります（Kurtz, L.F.（1997）Self-Help and Support Groups : A Handbook for Practitioners. Sage Publications.）。「サポート・グループは多くの場合，専門家によって運営（facilitate）される」と書かれています。

[11] 旧版の定義を一部変更しています。「解決あるいは受容を目指す」を，「折り合いをつけて生きていく」と変えています。「解決」や「受容」を目指してしまうと，不要なプレッシャーをメンバーに与えてしまう危険があるからです。生き延びることが大事です。

[12] 私が当初想定したのは，ひきこもり親の会がひきこもり本人ためのグループを作る，というようなことでした。あるいは，地域の寺や神社が実施する「がん患者のグループ」のようなものです。どちらも実際に知っています。しかし，数としてはそれほど多くないのかもしれません。

ていますから，安心感はあります。

　では，サポート・グループの方が優れているのか，というと一概には言えません。目的がやや違っているのです。短期間のサポート・グループでは，必要な情報を収集したり，具体的なアドバイスをもらう，ということが重視されると思います。長期に続くグループでしたら，経験を言葉にしていく（本書第3部参照）ことが重要になります。どちらかというと，サポート・グループは保護されたグループであり，セルフヘルプ・グループは独り立ちのための次の段階へのステップ，という印象があります。

　一般的には，セルフヘルプ・グループは無期限に実施される場合が多いのですが，サポート・グループは3カ月〜1年間と期限があるものが多いようです。本来，これらのグループで取り組んでいる問題（たとえば慢性疾患とか障害など）は，3カ月や半年で問題が片付く，というようなものではありません。場合によっては，一生その問題と付き合わなくてはならないこともあり，その意味で，どちらのグループも長期間，開かれることが多いのです。

2.　サポート・グループという名称の定着

　サポート・グループという名称自体，まだ社会的に十分な認知をされているとは言えません。「専門家が実施しているグループで，セルフヘルプ・グループと似ている地域グループ」というのは，これまで概念化されたことがなかったからです。

　それでも最近になり，サポート・グループという名称は，専門家が運営しているグループで用いられることが増えてきました[13]。

　サポート・グループからセルフヘルプ・グループへ行く人もいるでしょう

---

[13] 試しにインターネットで「サポート・グループ」を検索してみると，「がんサポートコミュニティ」「グリーフ・サバイバー」「セクシュアル・マイノリティのためのサポート・グループ」「緩和ケアサポートグループ」などが見つかりました。これらは，専門家によって運営されています。また，「サポートグループTsubomi（困難を抱える少女たちのグループ）」などは，同じ経験を持つ先輩たちが運営しているグループです。

し，逆もありえます。専門家が有料で実施しているグループもあれば，問題をある程度乗り越えた先輩たちが無料で実施しているグループもあります。

3. ファシリテーター（促進者）もさまざまである

　サポート・グループという形式（専門家が主催）を取りながら，セルフヘルプ・グループとよく似た活動をしているグループがあります。専門家自身が同じ問題を共有している場合も多いのです。また，一方で，熟練した臨床家によって実施されているサポート・グループのなかには，「集団精神療法」[14]（治療）に近いものもあり，かなり幅があると考えています。

　どちらにしても，サポート・グループでは，スタッフの役割と責任が大きくなります。そのため，本書ではサポート・グループのファシリテーターの役割については，第3部第Ⅰ章に詳しく述べています。

[14] 集団精神療法という枠組みで実施されているグループの例としては，「がん患者と家族のためのサポートグループ」などがあります（付録（p.163）を参照してください）。

40年近く続いている
小さなグループのこと[1] (月曜会)

1 2つのグループの発足

　九州大学の大学院生になったばかりの頃，私は北海道大学の出身だったため，知り合いがあまりいませんでした。そのため，友達を作ったり，色々なことを話せるような新しいグループを始めたいと思いました。

　福岡では「福岡人間関係研究会」という村山正治先生を中心にしたグループ（私もメンバーです）が古くから活動していたのですが[2]，それを真似ることにし，大学内で呼びかけをしました。その結果1982年5月に，月曜日に実施するグループ（月曜会）と，土曜日に実施するグループ（土曜会）という，双子のグループが生まれました。それぞれ週1回，約3時間のオープングループでした。

　双子のグループではあったのですが，経過は随分違いました。月曜会は，大学周辺の会場をうまく確保することができなかったために，市内中心部に移りました。その結果，学生よりも社会人が増えていきました。それに対し，土曜会は，大学周辺の2つの公民館を交互に借りることができたため，大部

---

[1] 旧版タイトルは「22年間続いている小さなグループのこと」でした。人に話すと，「まだやっているんですか？」と驚かれます。まだやっています。改訂増補版になり書き換えようかとも思ったのですが，グループの危機状況についてのわかりやすい例だと思ったので，大部分を残しました。
[2] このグループも今でも活動しています。その気になれば，グループは長期間続きます。月1回のグループ以外に，「自由音楽会」というコミュニティ活動なども行っています。

分が学生で若い人たちのグループでした。

② あるメンバーをめぐるトラブル

　ここで大きな問題が起こりました。ある年配の方が両方のグループに参加を始めたのです。この方は「激論をする」のが好きな方で，毎回毎回誰かメンバーをつかまえては，自分の意見を強く主張するのです。見かねたメンバーが「もう止めてほしい」と言うと，「グループでは何を話しても良いと聞いた。なぜ止めるのか」と反論し，ますます混乱していきます。「おだやかに自分のことを話す」という雰囲気には決してならず，必ずその人と他のメンバーとの言い争いになって終わり，また次の週には同じことが繰り返されました。

　この状態は1年以上続きました。その方はほぼ無欠席だったため，徐々にメンバーは消耗していきました。学生を中心としていた土曜会はとても耐えきれず，メンバーが会場の周りに集まり，「今日もあの人が来ているから帰る」などという状態になり，事実上活動できなくなり，うやむやのうちに解散しました。月曜会も同様でしたが，こちらは平均年齢も高く，何とか対処しようと努力していました。しかし，だんだんと私自身が嫌になってきたのです。もう言い争うのに「飽きて」きました。しかし，グループには「除名規定」も「解散規定」もありませんでしたので，その方に「来てくれるな」と言うことも，月曜会を解散することもできず，立ち往生をしてしまいました。

　結果として，私はある日，その方に「あなたが来るのなら私はもう来ない。

025

あなたが辞めるか，私が辞めるかだ」と迫りました。そして，その方はそれ以降，姿を見せなくなり，グループはようやく落ち着いて話ができる場になっていきました。

　この経験から学んだことは，グループが機能不全に陥っているときには，誰かが決然と対処しないと，グループは機能不全のまま存続する，ということでした。また，「除名規定」をあらかじめ作っておき，問題が起きたときにはきちんと議論をした上で思い切って除名をする，ということも必要だということです。

　土曜会を解散してみてわかったのですが，グループがなくなると，それまで存在していたネットワークが切れてしまいます。グループが細々とでも維持されている限り，メンバーの誰々はどこで何をしている，というような情報は流れます。それがグループが消滅すると同時に，メンバーはバラバラになり，全く様子がわからなくなってしまったのには驚きました。しかし，グループは永久に続くわけではありません。続けることが常に良いわけでもありません。終わることも大事です。会が開かれていた土曜日のその時間は，別のことをすれば良いのですから。

3 その後の月曜会

月曜会はその後も延々と続き，毎週月曜日午後7〜9時[3]に，年中無休[4]（大晦日でも元旦でも開催する）という形で39年間が過ぎました。参加費は，毎回徴収で，1回500円（収入が月8万円以下の人は300円）となっています。コーヒーとお菓子を私が用意しています。コマーシャルはほとんどしていませんが，口コミで，古いメンバーが新しいメンバーを紹介してくれます。人数は毎回だいたい3〜5名程度です（17名というのが過去最大ですが，少ないときは2人ということもあります）。

1年に1回くらい来るメンバーもいます。彼は「恐るべきマンネリグループ」と言いました。ほかにも，大学卒業後30年ぶりに福岡に戻ってきた人は，「まだやっているので驚いて来た」などと言いつつ，その後メンバーとして定着しています。

ここで過ごした数千時間の経験は，私にとっては今では大事な宝物です。それは，この本を執筆するためにも役立っています。

40年近く継続しているグループですが，私にとってはもう生活の一部に

---

[3] 発足当初は6時開始でした。それでも社会人が来ることができたのですが，その後みな忙しくなり，6時半開始になり，その後は7時になりました。世の中が忙しくなって余裕がなくなっているなあと思います。
[4] 以前は，本当に「完全年中無休」でした。私がいなくても誰かが開いていました。最近ではそんなに無理せず，私が海外に行っているときは閉室にしています。

なっていて，特に気負うこともなく，毎回出席しています。天気が良ければ大体自転車で出かけます。これも昔から変わりません。仕事が忙しくても何とか7時には会場に着き，鍵を開けて，コーヒーを淹れ，メンバーが来るのを待っています。

④ このグループはセルフヘルプ・グループなのか，サポート・グループなのか

実は，もともとはWeekly Encounter Groupという名称を使っていました。エンカウンター・グループというと普通は，3〜4泊程度の合宿で行われるので，それを自分たちが住んでいる街で継続的に実施できないか，という発想でした。

ところが，やってみると何かエンカウンター・グループとは違うように感じはじめたのです。その頃，私の恩師である村山正治先生が『セルフヘルプ・カウンセリング』という本[5]を出版しており，それを読んで「ああ，これはセルフヘルプ・グループのひとつだな」と思ったのでした。

ただ，一般のセルフヘルプ・グループのように，特定の問題を共有しているわけではありませんでした。強いて言えば，「都市のなかでバラバラに暮ら

---

[5] 村山正治・上里一郎＝編（1979）『セルフヘルプ・カウンセリング』福村出版／この本については本書の付録③をご覧ください。

している人たちが，定期的に集まって色々話せる場所」[6]ということでしょうか。実際，セルフヘルプ・グループの特徴のひとつである「平等性」は今でも維持されています。つまり，私もほかの人と同じように会費を払っています。

　同時に，グループのファシリテーター（促進者）は毎回私が担当し，グループの運営の仕方には，私の専門である臨床心理的な知見が生かされています。そういう意味ではサポート・グループ的でもあります。

　その中間形態なのだろうと最近は思っています。40年もやっていると，名称はまあ良いから楽しくやろう，というくらいの余裕は出てきています。

⑤　新型コロナウイルス感染拡大下の月曜会

　2020年4月に「緊急事態宣言」が出され，それを受けて，月曜会は1カ月ほどお休みにしました。しかしその後も感染拡大が収まらなかったため，5月から遠隔（Zoom）でグループを開始しました。前と同じく月曜日の午後7時開始ですが，終了時間は少し早くて，午後8時半にしました。

---

[6] これは「サードプレイス」と呼んでも良いかもしれません。第1空間が家庭，第2空間が職場や学校です。サードプレイスとは，「家庭と仕事の領域を越えた個々人の，定期的で自発的な，お楽しみのための場を提供する，さまざまな公共の場所の総称」と言われます。詳しくは，レイ・オルデンバーグ［忠平美幸＝訳］(1989/2013)『サードプレイス』（みすず書房）をご覧ください。

最初は，参加希望者がうまくZoomにアクセスできなかったり，音声や画像が途切れたり，ということがありましたが，数回やっているうちに慣れてきました。

　遠隔月曜会のルールで追加したのは，「録画・録音をしない」というものです。また，参加者は「これまでに月曜会に参加した経験のある人」に限定しており，新しい人の参加は基本的に受け入れていません（一度も会ったことがない人は，ちょっと不安だからです）。7時開始ですが，途中参加・途中退場も認めています。会場費がかからないので，参加費は無料です。

　やってみると，毎回5〜7名くらいの参加者があり，これは以前の通常開催よりも多いくらいです。また，遠方の人たちの参加が多いのには驚きました。年に1回とか2回ほどしか参加できなかったメンバーが毎週参加してきたりします。

　プログラムは次の通りです。

　　19：00──開始
　　19：00〜19：30──近況報告
　　19：30〜20：00──自由会話
　　20：00〜20：30──一言コーナー
　　20：30──終了

ファシリテーター（筆者）の役割は以下の通りです。

- 毎回，Zoomを設定して，URLをメーリングリストを通してメンバーに知らせます。その際，グループのルールを書いています（録音・録画をしない，など）。
- 基本的に，音声・画像はonにしておいてもらいます。名前（実名）を表示します。
- 7時になったら，「月曜会を始めます」と宣言します。
- 音声や画像のチェックをします。声の小さい人や大きすぎる人には，「マイク音量を調整してください」とお願いします。
- もしお互いに初めて顔を合わせる人がいれば，「AさんとBさんはここで会うのは初めてですね。では，AさんBさん，簡単な自己紹介をお願いします」と言います。
- 「どなたからでも結構ですので，最近の様子を話してください」と近況報告を促します。
- 遅れて参加してきた人には「○○さん，こんにちは。今，△△ということが話題になっています」と声をかけます。
- 全員の近況報告が終わったら，「今日，話してみたいことがありましたらどうぞ」と言います。
- 8時になったら，「一言コーナーにします。どなたからでもどうぞ」と言います。

- 8時半頃になり（少し伸びる場合もあります）全員が終わったら，「では今日は終わります。また来週は同じ時間に開きます」と言って終了します。

　遠隔月曜会を始めてすでに半年たちましたが，結構これも良い，と思うようになりました。1時間半程度なら集中力も続きますし，質問や意見もたくさん出ます。意見が食い違って険悪な雰囲気になる，ということもありません。会場までの交通手段も不要なので，忙しい人にとっても参加しやすいようです。

　ただ，小さな画像と音声だけですので，ボディランゲージは使えません。また，一緒にお菓子を食べたり，小声で隣の人とちょっと言葉を交わす，ということもできません。情報量が限られるため，「意外な発想・展開」というのは少し難しいと思います。また，自宅にネット環境がなかったり，家族と一緒に住んでいて話す場所を確保できない人は，参加しづらいようです。

　2020年10月からは，コロナ第二波が少し落ち着いたため，会場にも集まることができるようになりました。遠隔＋対面のハイブリッド方式になったわけですが，これはこれで良い感じです。慣れるものですね。

II | セルフヘルプ・グループ，サポート・グループの目的と種類

1 グループを開催する目的

グループを開催する目的としては，次の5つが考えられます。

1. 仲間に会える場所を作る[15]

何か大きな問題が起きたとき，自分だけがこの世界から取り残されたような気がするものです。普通に暮らしていた世界が今では遠いものに思え，誰にもわかってもらえない，という気分になります。

そういうときに，同じ問題を持っている仲間と出会えることは，それだけで「ああ，ひとりぼっちではなかった」と安心できるものです。本当のことを話しても誰からも脅かされない，仲間がいる，ほっとした時間を持つことができる。そういう場所を作ることです。日常生活が辛くても，そこに行けば生きていく元気がもらえる，というような場所は貴重です。

2. 情報交換をする

世の中は情報にあふれているように見えて，自分たちが必要とする情報は意外と見つかりません。そこで，同じ問題を持っている者同士で情報を交換し合います。どこの医療機関に行けばどんな治療を受けられるのか，医療補

033

---

[15] 旧版では，目的の3番目にあったのですが，世界でひとりぼっちのように思えるときに，仲間に会えるということは最も重要です。そのため第1番目の目的としました。

助費や補助金などは何があるのか，日常生活上の工夫，講演会の開催予定，などの情報を交換します。

3. 問題行動や症状の軽減

メンバーが抱えている問題を，皆で話し合うことにより，コントロールしたり解決したり軽減することを目的とすることがあります。たとえば，嗜癖行動（アルコール，ギャンブル，過食拒食，ショッピングなど）を止めることです。ただし嗜癖問題は止めればそれで解決されたとはみなされず，一生かけて回復するものだと考えられています。また，病気の症状を抑える工夫を教え合ったり，対人関係がスムーズになるような訓練をすることもあります。

4. 問題との付き合い方を考える

グループで扱っている問題は，解決や完治が望めないものが多いと思います。たとえば，先天的な身体障害，交通事故後の脳損傷，親しい人との死別，がんをかかえて生きる，などです。世の中には，解決できないことがたくさんあります。解決できないならば，その問題とどう折り合っていくか，などについて考えていきます。また，その問題を持ったことは，自分の人生にとってどんな意味があったのかを言葉にしてみます。

5. 社会に対して働きかける

社会の側が，問題について全く無自覚であったり（問題があること自体を知らない），偏見や差別感情を持っていたりすることがあります。その場合には，社会に対して自分たちの立場を訴えたり，医療や福祉の充実，法律の改正などを要求したりします。そもそも「問題」と呼んでいるもののなかには，社会が変われば問題ではなくなる，という場合が多々あります。

それぞれのグループの事情に合わせて，これらのなかからいくつかが選択されると思います。「5. 社会に対して働きかける」は，セルフヘルプ・グループに特徴的なものです。当事者団体として行政に要望を訴える，というような活動です。

❷　グループの種類

　では，実際にどのようなグループがあるのでしょうか？

　セルフヘルプ・グループの数は，リストアップできるものだけでも数百，参加者数は100万人を超えています。すべてのグループが活発に活動をしているかどうかはわかりませんが，非常に身近な存在になっています。インターネットにホームページを掲載しているグループも多数ありますし，グループを紹介してくれるサイトもあります。

　一方，サポート・グループの数は，実は把握できていません。数多くあるのは間違いないのですが，さまざまな機関が，比較的短期間で開催しているため，実数がつかみにくいのです。

　グループの種類をリストアップしてみました。これを見るとわかりますが，私たちが日常生活のなかで出会いそうな問題を広く網羅しています。多くの人々がこのような活動を自発的に行っているのですが，普段は気がつきません。問題が起きてみて，改めてネットワークの広がりに驚くことでしょう。

> **1. 病気や障害などを持つ人たちのグループ**
> ・精神障害を持つ人たち
> ・身体障害を持つ人たち
> ・慢性病や難病を持つ人たち
> ・がんに罹患している人たち（あるいは回復した人たち）
> ・脳機能障害を持つ人たち

- 発達障害を持つ人たち
- 吃音を持つ人たち

（※以上の人たちの家族のためのグループ）

2. 依存症（嗜癖）を持つ人たちのグループ
- アルコール依存を持つ人たち
- 薬物依存を持つ人たち
- ギャンブル依存を持つ人たち
- セックス依存を持つ人たち
- 摂食障害（過食，拒食）を持つ人たち
- リストカットなどをする人たち

（※以上の人たちの家族のためのグループ）

3. 暴力などの被害者のグループ
- 犯罪被害に遭った人たち
- 交通事故被害に遭った人たち
- DV（ドメスティック・バイオレンス：家庭内暴力）に遭った人たち
- 子どもの頃に虐待を受けた人たち
- 戦争被害に遭った人たち
- セクハラやパワハラに遭った人たち

（※以上の人たちの家族のためのグループ。加害者のグループもある）

4. マイノリティ（少数者）のためのグループ
- 性的マイノリティ（LGBTQ+）の人たち
- インターセックス（半陰陽）の人たち
- 外国籍の人たちや海外出身の人たち
- 色覚マイノリティ（色覚異常）の人たち

5. 逆境状況や不利な立場にいる人たちのグループ [16]
- 貧困家庭の子どもたち
- 児童養護施設などの子どもたち

- 非行やその可能性のある子どもたち
- 機能不全家族のなかで育つ人たち（AC：Adult Children）

（※以上のような子ども時代を過ごした大人のためのグループ）

6. 不登校やひきこもりの人たちのグループ
   - 不登校をしている人たち
   - ひきこもり（元ひきこもり）の人たち

   （※以上の人たちの家族のためのグループ）

7. 死別を経験した人のグループ
   - 配偶者を亡くした人たち
   - 親を亡くした人たち
   - 子どもを亡くした人たち

8. 専門職のためのグループ
   - 対人援助職（教師，看護師，心理士等）
   - 被害者支援をしている人たち
   - 燃え尽き症候群の人たち

9. その他
   - 子育てで苦労している人たち
   - 顔に特徴がある人たち
   - 自然災害に遭った人たち
   - 不妊治療をしている人たち

---

[16] 旧版にはなかった項目です。これまで社会的に注目されることがなかった領域ですが，新しい活動が少しずつ増えているため，この項目を加えました。

自然災害や感染症の経験を語ること

　このコラムを書いているのは，2020年4月です。どういう時期か覚えていますか？

　新型コロナウイルスの勢いが止まらず，政府が「緊急事態宣言」を出して，1週間ほど経ったところです。まだ感染者数は日々増えつづけていて，全く先が読めない，という混乱した状態です。

　きっと後になれば，「あの頃は辛かったけど，その後，回復したんだよね」とか，そういう話になっているのだと思います。しかし今現在，感染拡大の渦中にいて，どう行動をするのが一番良いのかわかりません。「3密」つまり，密閉，密集，密接を避けろと言われています。大学も在宅勤務となってしまい，人に会うのを8割減らすと良い，ということで，出かけられるのはせいぜい買い物くらいです。

　今さらですが，普通に行っていた生活が懐かしく思えます。ハッピーアワー半額の餃子屋さんに足を運ぶとか，行きつけの居酒屋の人々との会話とか，ライブハウスで歌を歌うとか，そういう当たり前だったものが，本当にまた戻ってくるのだろうかと疑わしい気持ちになります。

　「正常性バイアス」という言葉をテレビでよく見ます。災害など予期しない事態が起きたとき，何とか心の安定を保とうとして，現実を無視し，あるいは考えることを拒否し，「自分は大丈夫」などと根拠のない予測を立てることです。現状では実感できます。どこかで「大丈夫だ，普通に生活していたらきっと感染は防げる」という気持ちがあります。

一方，中国人留学生などから「日本人は危機感が足りない」などと言われると，そうかもしれない，もっと気を引き締めて一歩も外に出ない方が良いのではないか，もう世界は終わりだ，みたいな気分にもなります。

　コロナウイルスも大変なのですが，私がこのところずっと気になっているのは，自然災害とその後の人々がどうなったのか，ということです。これまでにも，大きな災害がありました。1995年の阪神・淡路大震災に始まり，2011年の東日本大震災と原子力発電所事故，2014年の御嶽山噴火，2016年の熊本地震や，その後の異常気象や台風に伴う豪雨などです。

　これらの災害で経験したことは，一人ひとりのなかでどうなっているのだろうと考えます。なんとか自分の気持ちを整理できているのでしょうか，あるいは心の傷となり触れることもできずにいるのでしょうか。震災で家をなくし，あるいは家族を亡くした人たちは，その気持ちを誰かに話しているのでしょうか。そういうことが気になります。

　アーサー・フランクという人をご存じでしょうか？　病気になった人が，その経験をどのように語るのかを研究した人です。ご自身も心臓発作とがんの経験を持っています。彼は「病の語り」には3つのものがあると言っています [1]。

[1] Frank, A.W. (1995) The Wounded Storyteller. The University of Chicago.（鈴木智之＝訳（2002）『傷ついた物語の語り手』ゆみる出版）

1．回復の語り——「昨日私は健康であった。今日私は病気である。しかし明日には再び健康になるであろう」という語りです。きっと元通りになるだろう，という予想や願いです。上述の「正常性バイアス」もこのなかに含まれるでしょう。

2．混沌の語り——しかし治らない病気もあります。回復の語りが不可能であると感じられると，「混沌の語り」が出てきます。「混沌は，決して語ることのできないものであり，語りのなかに穿たれた穴である」とされます。つまり「語り」と言いながらも，実際には語ることができない状況です。

3．探求の語り——「探求の物語とは，苦しみに真っ向から立ち向かおうとするものである」「探求の語りは，病む人に，その人自身の物語の語り手としての声を与える。探求の物語のなかでのみ，語り手は語るべき物語を持つからである」。語り手は聴き手の協力を得て，何とか自分の経験を言葉にしようとします。

この3つは順番に起こるのではなく，この3つの語りのすべてが，交互に，反復的に起こるとされます。

2020年4月現在，新型コロナウイルスについては，私たちは「回復の語り」にすがりつこうとしています。きっと感染は収まり，前と同じ生活が戻ってくる。そう信じたいと思っています。しかし，緊急事態宣言の後に，さらに

第二波，第三波の感染が広まるとき，私たちはおそらく言葉をなくします。実際，今この状況をどう言葉で表現したら良いのかよくわかりません。

　そして，いつか（1年後か2年後かはわかりませんが），この経験を語る時が来ると思います。そのとき，語る場がたくさんできると良いと思っています。そのとき，セルフヘルプ・グループやサポート・グループは重要なものとして機能するでしょう。

　しかし，「探求の語り」は簡単なものではありません。東日本大震災などの経験を語るには，10年20年，あるいはもっと長期の時間が必要になります。

　私たちの仲間の一人に吉川麻衣子さんという研究・実践家がいます。彼女は『沖縄戦を生きぬいた人々』（2017，創元社）という本を書いていますが，沖縄各地でサポート・グループ [2] を多数実施しました。戦後50年60年，沈黙してきた人々が，自分の経験を話したい，孫たちに聞かせたい，という気持ちになって語るプロセスが描かれています。

　なかなか人には話せない経験というものがあります。フランクの言う「混沌の語り」は，語れません。どう語って良いのか，何から語って良いのか，どういう表情でどういう態度で語るのか，全然わかりません。人にどう受け

041

---

[2] 髙松 里＝編著（2009）『サポート・グループの実践と展開』（金剛出版）でも，吉川さんがこのグループについて書いています。

取られるのかも不安です。

　沖縄戦もそうですが，震災などで大事な人を亡くした経験などを話せる場が，これから少しずつ増え，しかも長く続いていくと良いと思っています。それは，5年10年で終わるのではなく，40年50年経っても，語りたいと思う気持ちとそれを聞きたいという人がいれば，いつでもグループが開かれるべきです。

　「経験は言語化を求めている」[3] と私は思っています。

---

[3] 最近の私の関心は，「経験の言語化」です。高松 里（2015）『ライフストーリー・レビュー入門』（創元社）に，「経験の言語化」の意味や，語るための方法を書いています。

III | グループでは何が起こるのか？

1 グループが持っている基本的メッセージ

セルフヘルプ・グループあるいはサポート・グループは，次のようなメッセージを強力に発信しています [17]。

1. あなたは一人ではない

グループに参加する前は，「こんなことで悩んでいるのは自分だけだ」と思いこんでいることが多いものです。ところがグループに出てみると，同じ問題を抱えている人たちがたくさんいることがわかります。よくグループに「つながる」という表現が使われますが，これは，孤独な状態から仲間と出会い，そのつながりのなかに入っていくことの重要性を示しています。

2. あなたはあなたのままでいい

グループに参加する前は，「問題を解決しないと絶望的だ」とか「この問題を乗り越えないと，自分の人生が始まらない」と考えていることが多いと思います。これは，逆に言えば，「解決できない自分はダメだ」「この世界では生きていけない」という自己否定がベースにあります。

グループでは，そういう悩みを抱えた自分をまるごと受容しようとします。解決できない問題を抱えた自分も，解決へ向けて努力できない自分も，この

---

[17] 高松里（1998）「セルフヘルプグループと専門職との関わり」In：大阪セルフヘルプ支援センター＝編『セルフヘルプグループ』朝日新聞厚生文化事業団，pp.46-50.

世の中で生きにくい自分も，まずはその現実を見つめ，「ありのままの姿」を受け入れようとします。

　もちろん，変えようと努力したい人はすればいいと思います。けれども，グループが扱っている問題の多くは「解決」「治癒」などが期待できません。解決ではなく，問題とどう付き合っていくか，ということが重要になります。

3．あなたには力がある

　少なくとも，今日まで生き延びてきてここで出会えた，ということは喜ぶべきことです。その人には，それだけの「力」があったということです。生き延びてくる間に，さまざまなノウハウを学んできたはずです。また，その過程でさまざまな社会を見て考えてきたことでしょう。その智恵は，ほかの人にも役立つことが多いものです。

② 人との結びつきを復活させ，経験を言語化する [18]

　大きな問題（病気・怪我など）に出遭うと，人はそれまで持っていたさまざまな「つながり」を失います。家族や友人，将来の夢や希望，思うように機能しない自分の身体。そのようなこれまでの自分を支えてきたものとの間に「亀裂」が入り，孤立に陥ります。

　自分の経験がどういうものかを理解するためには，聴き手が必要です。ですが残念なことに孤立によって，聴き手を失っています。

　ですから，グループの機能としては，まず人とのつながりを復活させていくことが大事です。グループのなかで自分の経験を言語化することにより，グループ外の人々とのつながりを回復し，さらにはライフストーリーの一貫

[18] 旧版では，(a) 自分の経験をメンバーと共有する，(b) 自分をストーリーとして語ることの意味——自分を統合する，(c) 感情を取り戻す，(d) 自分の経験がほかの人の役に立つという事実——自尊心を回復する，と記述しました。ライフストーリーと言語化という視点から，今回は書き直してみました。

性を取り戻します。徐々に感情も戻ってきます。

　詳細については，第3部に書いていますので，ここでは簡単に紹介します。

1.　人とのつながりを復活させる

　グループの最重要な機能は，「仲間と会える場所を作る」ことです。

　グループで扱っているテーマは，普段の生活では想定していないことがほとんどです。「自分の大事な人が犯罪被害に遭って亡くなる」などということを，日常的に考えている人はいないと思います。

　そういう「思ってもいなかった経験」に出遭うと人は言葉をなくします。言葉をなくすとは，それをどう表現して良いのかがわからない，ということです。怒って良いのか，泣いて良いか，誰が悪いのか，何が問題なのか，わからなくなります。人に訴えようとしても，言葉は出ずに，涙や怒りが出てきます。人にわかってほしいのに，それを伝える言葉を持っていないのです。今まで普通に生きてきた普通の世界から，だんだんはじき出されていくような感じがしてきます。

　ところが，グループに行くと，自分だけだと思っていた経験について，それほど多くの言葉を費やさなくても，ほかの人にわかってもらえます。「わかってもらう」ということは新鮮な経験です。自分は孤独ではなかった，自分と同じ悩みを持つ仲間がいるんだ，ということがわかってきます。

　また，他のメンバーが，それを言葉にして表現しようと努力する場面に出遭います。そうか，そう言っていいんだ，そんな風に気持ちを表現してもいいんだ，と感じます。何回も参加しているうちに，だんだん言葉は自分自身のものになっていきます。人に説明できるようになり，周りの人もそれを理解してくれるようになってきます。そうして，言葉のない孤独な世界から，またこの世界に戻ってきます。

　徐々にグループのなかだけではなく，日常生活でも人と話ができるようになってきます。そうやって亀裂を修復し，人間関係を取り戻していきます。

2. 離断したライフストーリーをつなぐ

　大きな出来事に出遭うと，ライフストーリー[19]が分断されてしまいます。「昨日まで家族と一緒に暮らしていたのに，震災で家も家族も失ってしまった」とか「昨日まで元気だったのに，交通事故で足が動かなくなってしまった」というようなことがあると，過去と未来のつながりがなくなってしまいます。

　ライフストーリーとは，自分自身に関するある程度一貫したストーリーのことです。過去から現在，未来をつないでいます。そしてそれは自分らしさそのものです。それが失われてしまうと，自分が何者かという感覚が曖昧になります。

　グループでは，そのストーリーの分断部分を大切にし，言葉の包帯を巻き，なんとかつなぎ直そうとします。残念ながら，以前持っていたライフストーリーは，もうそこにはありません。過去に対する見方も，未来の見え方も変わります。前とは違う新しいライフストーリーを少しずつ築いていくことになります。

3. 感情を回復させる

　感情も断片化されていることが多いようです。本当なら悲しいはずなのに，長い間，そういう気持ちを押し殺しているうちに，「自分は悲しい」と気づけなくなってしまいます。また，「怒りの感情」も取り扱いの難しい感情です。下手に爆発させたら人を傷つけてしまうかもしれません。

　そこで，あわてずゆっくりと自分について話しながら，「そのとき，自分は

---

[19] ライフストーリーとは，現在から過去を見て，さまざまなトピックスを時系列に沿って並べたものです。私たちは，誰かのことが「わかった」という感触を持つのは，その人のライフストーリーがわかったときです。もっと言えば，ライフストーリーとは自己そのものです。詳しくは私の本『ライフストーリー・レビュー入門』（2015，創元社）をご覧ください。

どんな気持ちだったのだろう」とか「なぜあんなに怒ってしまったのだろう」「何が怖くて逃げ出してしまったのだろう」といったことを吟味していきます。

　感情のコントロールはそう簡単にはできません。何度も何度も繰り返し話していくプロセスが必要になります。

4.　世界との関係を修復する

　グループでの活動を通して，さまざまな外的な世界との亀裂が修復され，回復されてきます。自分の居場所が再びできはじめます。でもそれは，問題が起こる前とは違うものだと思います。その問題との格闘を通して，学ぶものも多かったはずです[20]。その経験は，あなただけではなく，これからやってくる後輩たちにきっと役に立つでしょうし，この世界を少し豊かなものにしてくれるはずです。

---

[20] 自らも心臓発作とがんの経験を持つアーサー・フランクは次のように書いています。「病がある種の機会だと思ったからである。もっともそれは危険に満ちた機会ではあるが」「心臓発作を告げられた私は「セレブレーション祝祭」を必要とした。「祝祭」というのは，必ずしもめでたいことを喜ぶということではなく，その重要性を記憶するということだ」（アーサー・フランク［井上哲彰＝訳］（1996）『からだの知恵に聴く』日本教文社）

フィンランドの「オープン・ダイアローグ」から学んだこと

　私は，2017年に仲間たちと，フィンランドの首都ヘルシンキおよび北部ラップランド地方を訪れ，オープン・ダイアローグ（OD：Open Dialogue）とアンティシペーション・ダイアローグ（AD：Anticipation Dialogue）の研修を受けました。4日間の充実した内容でしたが，最終日にOD発祥の地であるケロプダス病院でスタッフの皆さんと長い時間語り合いました。

　ODとは何かを簡単に説明します。最初は「対話の力で，薬物をほとんど使わずに統合失調症を治療する」[1] という情報が入ってきました。この方法により，入院せずに済んだ患者さんも多く，入院しても治療期間が短縮され，再発率も劇的に下がったというデータも出ました。そんなことが本当にあるのだろうか，もしあるとしたら，何が治療効果を引き出しているのか，非常に関心がありました。

　方法はごくシンプルです。発症初期の精神病（統合失調症に限らない）が起きると，電話を受けた人（医師，ソーシャルワーカー，心理士，看護師）が治療チームを招集します。治療チームは通常24時間以内に本人の自宅などに行き，そこでミーティングを行うのですが，そこには患者本人，家族，親戚，友人など，患者にとって重要な人たちが集まります。そこで「開かれた対話」が行われます。スタッフも家族・友人たちも対等な立場で，率直に語ります。一つの結論に達する，ということは避けられ，むしろさまざまな違った意見が出てくることを歓迎します（ポリフォニックと呼びます）。

[1] 斎藤 環（2015）『オープンダイアローグとは何か』医学書院

これまでの精神医療の常識では，妄想や幻覚については詳しく聞かない，ということが原則でしたが（妄想が強化されてしまうため），この対話ではそれも話されます。

　このようなミーティングが1時間半ほど続き，その後も10日間くらい毎日対話が行われます。そうすると，妄想や幻覚が消えて，再発率も下がる，というのです。

　私はケロプダス病院のスタッフと話し，フィンランドという国や街の雰囲気に触れているうちに，そういうことは起こるのではないか，という気がしてきました。なぜなら，統合失調症などの精神病は何らかの脳機能の変調で起きるのでしょうが，その「経験」をどう処理していくのかは，人間関係のなかで起こることだからです。統合失調症の陽性症状は，世界が崩壊する，あるいは世界から自分が切り離されていく，という経験でしょう。その際に，周りの人が誰もわかってくれない，それは病気だと言って，注射を打たれて，気づいたら精神科の保護室にいたとすると，この経験は得体の知れないものとして自分のなかに留まります。しかし，病院のスタッフや家族・友人がそばに居て話を聞いてくれる，何日も来てみんなが自分について話している，という状況があれば，自分の「経験」がどのようなものであったのかを振り返るチャンスとなるのだと思います [2]。

[2] 詳しくは，高松 里 (2019)「オープンダイアローグによる治療機序とは何か」（臨床心理学 19-5；551-555）をご覧ください。この号ではODの特集が組まれており，一緒にフィンランドに行った方たちの論文も掲載されています。

049

この考え方は，最近日本でも注目されている「当事者研究」の考え方と重なります。私たちは，普段，自分が経験したことを誰かと話します。話しているうちに，筋道が整ってきて，「そうか，自分はこういう経験をしていたんだ」とその意味がわかってくるものです。しかし，統合失調症の経験は，「周囲のほとんどが経験したことのない苦労を一人で抱え込んでしまうと，この分かち合いの相手を見つけることが困難になる」「分かち合いの輪から外されてしまうのである」[3]。だから「当事者研究は，当事者が語りを取り戻すことによって，自己を再定義し，人とのつながりを回復することを促す機能を持つ」[4] ということになります。

　セルフヘルプ・グループやサポート・グループには，すでに「分かち合いの輪」は存在しています。ODも同じように，患者さんを「分かち合いの輪」に入れ，人とのつながりを回復するもの，と考えられます。

[3] 熊谷晋一郎（2017）「当事者研究」（臨床心理学 17-4 ; 558-559）
[4] 石原孝二＝編（2013）『当事者研究の研究』医学書院

IV │ グループの時間的経過

　新しいグループを立ち上げたとします。メンバーが集まり，最初はぎこちなくても，徐々にお互いのことがわかってきます。そして，どんどん仲良くなって，何でも話せるようになるかというと，実はそう簡単には行きません。グループが展開していくプロセスは実にぎくしゃくしています。良い話し合いになったと思ったら，次には人が集まらず会話も低調になる，などということもよく起きます。

　一直線に順調に発展する，というものではなく，途中さまざまな紆余曲折を経て，グループもメンバーも鍛えられていき，そのなかでお互いの信頼感を獲得していくのです。それは長い時間がかかるプロセスです。

　以下は，新しいグループが結成されたときの展開プロセスです。もちろん，これはひとつのモデルですので，どのグループもこの通りに進むというわけではありません。

1．結成期

　新しいグループが結成され，最初は全然人が集まらないかもしれません。それでも，口コミなどで，少しずつメンバーが集まってきます。お互いにどんな人かよくわかりません。またグループで何を話せば良いのか，ここで話すことにどんな意味があるのか，手探りが続きます。

2. 展開期

　最初の段階を過ぎると，ミーティングの基本的な形もできあがり，オープン・グループの場合は徐々にメンバーも増えていきます。ようやく皆と出会えて本当にうれしい，これで何とかやっていける，という希望が生まれます。

3. 不満期

　しかし，実際には最初期待したようにすべてがハッピーではない，ということがわかってきます。メンバーからは不満が出てくることがあります。「こんなことをやっていて意味があるのか」「もっと違うことを期待していた」というような不一致が出てきます。

4. 安定期

　グループでできないこともはっきりしてきますが，同時にやはりグループでしかできないことも明確になってきます。メンバーは過剰な期待もせず，小さな希望を絶やすこともなく，安定したミーティングが続いていきます。

5. 終結期 [21]

　グループが十分に機能を果たして目的を達したとき，逆にグループがうまく機能しない状態が長く続いたとき，あるいはスタッフがなんらかの理由でグループを開催できなくなるときに，グループの終結がやってきます。

　不安定になるメンバーもいるかもしれません。しかし，残念ながら「出会いと別れ」はどこでもセットになっています。別れる経験から学ぶことも大事だと思います。

---

[21] 旧版では，なぜか「終結期」がありませんでしたので，付け加えました。

グループを作った人からよく聞くのは，「1年目は誰も来ない回が多かった」「仕方がないのでスタッフ同士でグループをした」[22] というような話です。グループが開かれたのを知っても，すぐには参加しにくいものです。結局参加するのは半年とか1年後だった，というようなことはよくあります。

　また，「3. 不満期」ですが，参加する人は最初「これで大丈夫」というような幻想的な期待を持っているものです。でも，一夜にして問題が解決する，などということはないわけです。自分で取り組むしかない，というときに，「失望感」が表明されることはありますが，これも時間とともに変化していきます。

　5年10年続くと，逆にひどくマンネリ化することも出てきます。しかし，「いつ行っても同じことをしている」というのは，メンバーに安心感をもたらすことも多いと思います [23]。

[22] スタッフが複数いるのでしたら，スタッフだけで普通にグループを実施することをお勧めします。スタッフだって，自分の経験を話す機会はそう多くないと思いますので，こういう機会を活用しましょう。
[23] コラム１をご覧ください。

V | 専門家との関係

1 セルフヘルプ・グループの場合

専門家とどのような関係を持つかは，よく議論になるテーマです。

難病関連のグループにとっては，医師との連携はどうしても必要になります。また，精神障害関連のグループでも，薬物治療が必要な場合が多く，医師に頼る傾向があります。

ところで，どんな領域にも「専門家」と呼ばれる人たちがいるように思いますが，実際には違います。たとえば，30年前に「児童虐待」の専門家はごく少数でした。ところが，現在では非常に多くの「専門家」がいます。この領域はたまたま注目が集まり，専門家も育ってきましたが，そうではない領域はいくらでも存在します。専門家がカバーしている領域は，実際にはごく限られているのです。ですから，セルフヘルプ・グループが自分たちの問題に取り組むとき，果たして「専門家」と呼ばれる人たちがいるのかどうか，ということがまず問題となります。

また，専門家といえども，その守備範囲は意外と狭いのです。病気のことはわかっていても，日常生活でどんな工夫をすれば生きやすいかなどは，専門家より当事者の方がよくわかっています。

専門家が自分のわかっている範囲できちんと対応してくれるのなら良いのですが，日常生活について「こうすべきだ」などと，できそうもないことを押しつけてくる場合もあります。また，セルフヘルプ・グループのはずだったのに，いつのまにか専門家が権力を握って，グループを牛耳ってしまう危険性もあります [24]。

セルフヘルプ・グループと専門家は，本来対立する存在ではありません。適度な距離を保ちつつ，お互いに補い合うものです。

② サポート・グループの場合

　サポート・グループの場合は，もっと単純です。専門家自身が主催するグループが多いからです。

　専門家がいるので安心，ということは裏を返せば，メンバーは専門家に頼りたくなる，ということです。弊害が出てくるとすれば，この点です。

　メンバーは本来，自分自身で自分の問題を考えていかなければなりません。これはサポート・グループの場合でも同じです。しかし，実際にはかなり苦しい作業です。自分自身で考え，自分自身で行動し，自分でその責任を取らなければならないからです。

　しかし，そこに専門家がいれば，「もしかしたら，"正しい答え"というものがあるのではないか」「自分勝手にやったら失敗するのではないか」「まずは専門家に聞くことが大事だ」などと依存的な気持ちが出やすいのです。そうなると，これはサポート・グループではなく，「専門家のお話を聞く会」となってしまいます。

　サポート・グループに専門家が参加する場合，その専門家はまずファシリテーターとしての機能を果たさなくてはなりません。ファシリテーターの機能とは，メンバー同士の交流を促進することです。自分が前に出て，権威者として振る舞うものではありません。

　サポート・グループをある程度経験したメンバーは，気持ちの余裕があれば自分たちでセルフヘルプ・グループを開いてみるのも良いでしょう。そうすれば専門家の援助の良い点も悪い点も，両方見えてくるはずです。

055

---

[24] こういう危険性はずっと指摘されてきましたが，実態を見ると意外少ないようです。そもそもグループを牛耳るような人を「専門家」とは呼びたくありません。専門家は本来謙虚なものだと私は思います。

「セルフヘルプ・グループ」と「当事者グループ」

　最近,「当事者」という言葉をよく見かけるようになりました。NHKのテレビ番組などでも,「当事者グループ」という言い方をしています。先日も「片耳難聴の当事者グループ」についての放送がされていました。実際のところ,セルフヘルプ・グループと当事者グループはほとんど同じです。セルフヘルプ・グループは英語ですので,日本人にわかりやすく当事者グループとしているのかもしれません。しかし,私としては,セルフヘルプ・グループを当事者グループと呼ぶことには,躊躇と疑問があります。

　「当事者」とはどういう言葉なのでしょうか?
　辞書的な意味としては,「その事に直接関係を持つ人」(『岩波国語辞典 第7版』)とあります。面白いのが反対語で「第三者・局外者」とあります。当事者でない人は「第三者」なのです。
　英語ではparty concernedという言葉が見つかりました。partyの語源はpart,つまり「分ける」という意味です。そして反対語の第三者はthird partyです(ちなみに第二者という言葉はありません)。人々を関係者と第三者に分ける,というニュアンスがあります。
　もともとは法律用語であり,訴訟において訴える(あるいは訴えられる)権利がある,ということのようです。つまり「事件や紛争に直接関わっている人」のことです。そして,当事者の反対語は「第三者」であり,「関係のない人」です。時々「第三者は黙っていてくれ」といった使い方がなされます。ここでも,当事者という言葉には,「当事者」と「非当事者(第三者)」を分

け␣る，という機能があることがわかります。
　心理や福祉領域で，この言葉が注目されるようになったひとつのきっかけ
は，中西正司・上野千鶴子『当事者主権』（2003，岩波新書）という本でした。
この本には次のような文章があります。

　　「当事者主権とは，私が私の主権者である，私以外のだれも──国家
　も，家族も，専門家も──私がだれであるか，私のニーズが何であるか
　を決めることができない」
　　「当事者主権の要求，「私のことは私が決める」というもっとも基本的
　なことを，社会的な弱者と言われる人々は奪われてきた。それらの人々
　とは，女性，高齢者，障害者，子ども，性的少数者，患者，精神障害者，
　不登校者，などなどの人々である」（p.4）

　つまり，当事者という言葉を使うことにより，言葉を奪われてきた人々が
「私たちのことを私たち抜きで決めるな」「私のことは私が決める」と社会に
対して働きかけています。社会に対しての異議申し立て，という側面が強い
ことがわかります。

　もうひとつ「当事者」という言葉が注目されたきっかけは，「当事者研究」
です。「浦河べてるの家」の活動が有名です [1]。私はとても面白いと思いま
した。従来，研究するのは専門家や研究者の側であり，精神障害者はただ治

療を受け，研究の対象とされる存在でした。ところが当事者研究では，研究対象だったはずの精神障害者自身が，自分について研究し，それを人前で発表します。裏方にいた当事者が急に表に出てきて，自分自身について語りはじめたのです。

　当事者研究は，当事者主権のように社会に対して意義申し立てをする，というより，自分自身の経験について，周りの助けを受けながら言語化を行う，というものです。

　社会的異議申し立ても，経験の言語化も，セルフヘルプ・グループの機能のひとつです。その機能の社会的な面が強調されると「当事者グループ」という呼び名が出てくるのだと思われます。

　ただ，私が違和感を持つのは，「当事者だから発言する権利がある」とか「第三者は黙っていてほしい」ということになると，英語のpartの意味，つまり分断の意味が強くなることです。「あなたは当事者じゃないから来ないでほしい」という言葉使いが可能であるこの言葉は，本来仲間であるはずの支援者（同盟者ally）との関係も危うくします。人と人を結びつけるのがグループの目的であるのならば，「当事者グループ」という名称を使うときには注意が必要です。

　これについて『当事者主権』には，面白いことが書いてあります。

---

[1] 浦河べてるの家（2005）『べてるの家の「当事者研究」』医学書院

「私たちは当事者を「ニーズを持った人々」と定義し，「問題をかかえた人々」とは呼ばなかった。というのも何が「問題」になるかは，社会のあり方によって変わるからである」(p.9)

　なるほど。つまり，「問題を共有」ではなく，「ニーズを共有」と考えれば良いということです。そうなると，「当事者グループ」というのは，「ニーズを共有した人たちのグループ」というニュアンスになります。であるならば，当事者グループのなかには，支援者も入ってくる，なぜならニーズが同じだから，ということになり，分断の問題はない，ということになります。
　しかし，残念ながら，普段「当事者」という言葉を使う際には「ニーズを共有している」とは意識されていません。これが社会常識になってしまえば別ですが，現状では使いにくい言葉です。

　「当事者」に代わる新しい言葉を作ってはどうか，という提案もあります。地域活動家の小松理虔氏は，次のように語っています [2]。

　　最近，「当事者」ならぬ「共事者」「共事する」とよく言います。造語です。共事とは「事を共にする」こと。「関心はある」「いるだけならできる」というゆるやかな関わりです。社会の課題を考える時，当事者の

059

[2] 朝日新聞2020年3月27日朝刊「「共事者」にも視線を広げて」より。

声に耳を傾けることはもちろん大切です。ただ当事者性ばかりを追求すると「当事者ではない私たちにはわからない」という人が大勢生まれてしまう。

「関心がある」「いるだけならできる」という人がいてくれるのはありがたいですね。こういう人たちと一緒に歩めるような言葉が必要です。「共事者」というような言葉が普及すると良いと私も思います。

セルフヘルプ・グループという言葉は多義的です。その機能のなかには，社会的異議申し立てもあるし，経験の言語化という機能も含まれています。私はこの緩い感じが割と好きです。また，いわゆる「当事者」以外の人（家族や専門家）を含むセルフヘルプ・グループはたくさんあります。

ということで，私としては当分，「当事者グループ」よりは「セルフヘルプ・グループ」という言葉を使っていきたいと思っています。

今後も議論を続けていきましょう。

第2部

グループの始め方・
続け方・終わり方

以下，ワークシートの順番に沿って説明します。

グループを作りたいと思った方は，まず本書の付録[1]「グループ運営のためのワークシート」をコピーし，1つずつ書き込んでみてください。**全部網羅する必要はありません。**重要なところだけ書き込み，判断が難しいものは空欄にしておきます。まずは思いつきで構いません。何度でも書き換えれば良いのです。グループ全体のイメージを作ることが大事です。

一人で考えてもいいですが，仲間と「準備会」を数回開いて一緒に考えると，良い知恵も出てきます。

なお，以下は「直接顔を合わせて話をするグループ」であり，人数は多くても15名程度を想定しています。しかし，今後はインターネットを利用したグループ [1] が増えてくるでしょう。これについては，まだほとんど経験の蓄積がありません。これから実験的な実践が増えてくると思います。

---

[1] 近くにグループがない地域や，病気などのために外出できない人たちには有効でしょう。ただし，会話内容が外に漏れないようにする工夫（録音・録画はその気になれば簡単にできます）などが必要になってきます。最近，Zoomなどの遠隔会議システムが登場してきました。「言い放し，聞き放し」のグループであるなら可能かもしれませんが，ディスカッションのグループでは，相づちや細かな表情の変化などがわからないため，工夫の余地があります。コラム[1]も読んでみてください。

I │ 最初に考える最も重要なこと

1 対象者——どんな人に来てほしいのか？

最初に考えるべきことは，どんな人を対象としてグループを開くかです。大雑把でも構いませんので，○○病の人，△△被害者の人，□□マイノリティの人，というように設定します。

実際には，同じ病気だとしてもさまざまなタイプがあるでしょうし，発病直後なのか何年も経っているのかで状況が違います。また，性的マイノリティの場合も，ゲイなのかレズビアンなのか，若い人なのか年配の人なのか，という違いをイメージします。「発病して間もない若い人」とか「自分の性について迷いのある高校・大学生」などという形で書きます。

また，グループに来るのは本人のみでしょうか？　それとも家族などの関係者の参加も認めますか？[2] まずは本人のみで始めて，あとで家族グループ開催を考える，という手もあります。

---

[2] たとえば，AA（Alcoholic Anonymous ＝アルコホーリクス・アノニマス）などでは，本人のみの会，誰でも参加できる会，女性クローズドなどグループを細かく分けています。また，アルコール関連のグループとして，アラノン家族グループ（Al-Anon ＝アルコール依存症の家族と友人のための自助グループ），アラティーン（Alateen ＝子どもが対象），アラノン・アダルトチルドレン（Al-Anon Adult Children）などがあります。

② グループの目的──グループで何をしたいのか？

- 目的は，大きく5つに分類される [3]。
  1. **仲間に会える場所を作る**──一人ではないことがわかる，ここでは安心していられる，本当のことを話しても大丈夫，ほっとした時間がもてる，など。
  2. **情報交換をする**──自分の問題はどういうものなのか，どこの医療機関に行けば良い治療を受けられるのか，医療補助費や補助金などは何があるのか，問題との付き合い方の工夫，講演会の開催予定，など。
  3. **問題行動や症状の軽減**──嗜癖（アルコールやギャンブル）を止める，病気の対処方法を教え合う，対人関係がスムーズになるように訓練する，など。
  4. **問題との付き合い方を考える**──治らない病気や障害と折り合いを付けながら生きていくことを考える。自分の人生にとってどんな影響や意味があったのかを言葉にしてみる。
  5. **社会に対して働きかける**──社会に対して自分たちの立場を訴えたり，医療や福祉の充実などを要求したりする。

064

　目的は1つである必要はなく，通常，いくつか重複します。また，グループの目的が時間の経過とともに変化する場合もあります。ですので，だいたいこんなことを目的にしたい，ということで十分です。

　1回のみ，あるいは数回程度の短期のグループの場合には，明確な目的が設定されます。たとえば「糖尿病のメカニズムを知り，日常生活に生かす」などです。どちらかというと，情報交換や知識の獲得，ということが目的になります。講演会の形に近くなりますが，ここでも，同じ問題を持った人が

---

[3] 旧版とは順番が違っています。この順番でグループは機能するのではないかと今は考えています。本書pp.33〜35を参照してください。

集まる，という意味ではサポート・グループとしての機能が生まれます。

　自分が一人ではなかった，という安心感は大事です。この世界のなかで一人だけぽつんといる，自分のことは誰も理解してくれない，という気持ちのときに，少し先を行くメンバーが「大丈夫，何とかやっていける」というモデルを示してくれます。

　長期のグループの場合には，問題について語ること（言語化）が重視されてきます。なぜなら，多くの問題は，本人にとっては「青天の霹靂」なのです。語ろうとしても，表現する言葉を持たない場合が多く，周囲の人もその人が何を言いたいのかわかりません。そのため，経験を共有する人が重要になります。先輩は，その問題についてどう語ったら良いかを知っています。

　さらに，周囲の社会には，「ここにこういう問題がある」と訴えていく必要があります。誰も知らないからです。そのためにも，自分の問題をどう表現すれば伝わるのかという言語化の問題が出てきます。

　つまり，グループの目的は重複したり，重点が変化したりします。そのなかで，皆さんのグループではどのような機能を強調するか，ということを考えます。

065

Ⅱ｜スタッフ [4]／スーパーバイザー（相談役）

1 スタッフ

> • 一人で始めるか，複数で始めるか？

　考えなくてはならない大事なことは，「一人で始めるか，複数で始めるか」ということです。私としては，ぜひ2人あるいは3人で始めることをお勧めしたいと思います。グループが始まってしまえば，予想外の問題も色々起きますし，さまざまな微調整が必要になります。また，最初のうちは，参加者が少なくて，ゼロの日もあるかもしれません [5]。そんなときに，一人きり，というのは寂しいものです。

　また，グループに対する噂話や批判は，外部の人やネットから出てくることがあります。これらを全部一人で背負うのはやや荷が重いでしょう。「グループは2人いれば維持できるし，3人いれば発展する」とよく言われます。「何があっても続けるぞ」という仲間がいれば，グループは確実に継続できるものです。この最初に集まったスタッフで「準備会」を開始し，以下の項目について検討し，決定していくことになります。

　とはいえ，近くに誰もスタッフになってくれる人がいなくて，自分一人で

---

[4] 旧版では，「ファシリテーター」「コア・スタッフ」「スタッフ」と標記していましたが，すべて「スタッフ」で統一します。
[5] 最初のうちは参加者ゼロ，ということは実はよくあります。ニーズがないのではなく，参加したいと思っている人もグループの様子を窺っているのです。参加するかどうかを決めるのに，何カ月もかかるということはよくあります。参加者がいないときは，スタッフ同士でグループをやってみてください。

始めなくてならないこともあるでしょう。そのときは覚悟を決めてしばらくやってみましょう。グループがスタートしてから，メンバーのなかからスタッフ的な人を見つけると良いと思います。

　もし近くにモデルとなるグループがあれば，見学したりスタッフからアドバイスをもらったり，経験者にスーパーバイザー（相談役）になってもらうと良いと思います。同じ志を持っているグループですので，喜んで協力してくれると思います。

2　スーパーバイザー

　サポート・グループのスタッフは，臨床心理学・医学・看護学・社会福祉学などの知識を持つ専門家が担う場合が多いと思います。また，行政職などで，たまたまその職についたため担当する，という方もなかにはいるでしょう。

　近くにグループの専門家や経験豊かな先輩がいるならば，定期的にスーパービジョン（グループの進行をチェックしてもらったり難しい問題が起きたときの対処方法を相談する）を受けるのも良いでしょう [6]。グループの動きは複雑です。スタッフと言えども，グループのなかにいるとどうしても問題に巻き込まれたり，自分自身の未解決な問題が出てきたりします。その場合に相談できる人がいると，スタッフも安定しますし，スタッフが安定すればグループも安定するものです。

　グループの専門家も先輩も近くにいない，という場合でも，スタッフミーティングをきちんと行うことで，グループの動きはよく見えてくるはずです。

---

[6] 私は実際にいくつかのグループのスーパーバイザーをやっています。

III グループの基本構造

　次に考えるのは，グループの基本構造，つまり枠組みです。枠組みがしっかりしていると，安心してグループを運営できます。

　スタッフ1人あるいは複数で，以下の項目について決定します。もちろん，これはグループが始まってからも，メンバーの意見を受けながら再検討するべきものですが，とりあえずの雛形をここで作っておきます。

■1 グループの基本的イメージ

1. グループの名称

- グループの名称は，「薬物依存症の会」のように誰が見ても内容がすぐわかる名称にするか，「ADD」のようなイニシャルにするか，「青空の会」のような内容がわからない名前にするか，を考える。関係者にはすぐわかるが，それ以外の人には想像がつきにくい名前が理想的。

　公民館などの公的機関を会場にする場合，あまり露骨に内容がわかる名称は使いにくいでしょう。掲示板に大きく書かれる可能性がありますので，抵抗の少ない名前を選ぶと良いと思います。

2. 主催は誰か?

- 誰が最終的な判断を行うのか?

主催は明確にしておく必要があります。スタッフ個人なのでしょうか，スタッフが所属する団体なのでしょうか。何か問題が起きたときに，誰が責任を取るのかをはっきりさせておきます。責任を取るというのは，「罪を背負う」などという意味ではありません。誰が最終的な決断をするのか，ということです。たとえば，精神症状が悪化した人に，「しばらくグループを休んではどうか」と勧めたり，機能不全に陥ったグループを解散したりするのは，主催者が判断すべきことです。

3. メンバーは何人にするのか？

- 一人ひとりがゆっくり話すなら，メンバーは3～7人程度が適当。
- 「言い放し，聞き放し」であるなら，10名以上でも可能。

理想的には5人±2人（3～7人）程度[7]が適当でしょう。スタッフを含めても10人以内くらいの数だと，一人ひとりの意見も聞けますし，話したくないときには黙っていることもできます。

「言い放し，聞き放し」のセルフヘルプ・グループでも，最大20名くらい[8]だと思います。この場合，一人が話す時間はごく限られたものになります。

最低数は，スタッフ1人にメンバー1人ということになります。それでも良いと思います。でも3人以上いるとグループらしい雰囲気になります。

人数が多いと，活気が出ますが，まとまりには欠けます。人数が少ないと，少し寂しい感じもしますが，ゆっくりと話ができます。その場その場で柔軟に対応すると良いでしょう。

実際には，参加者募集をしたら4名が応募したけれど，途中欠席する人も

---

[7] 旧版では，「7人±2人」としていましたが，少ない方がゆっくり話せます。
[8] 次々に発言するようなグループでしたら，20名も可能です。私はもう少し大人数のグループに出たこともありますが，顔を覚えることも難しくなります。せいぜい10名程度にする方が安全です。

いて，実際には毎回2名くらいしか来ないということもあります。始めた以上は，参加者が少なくても継続した方が良いと思います。場合によっては途中で再募集をすることも考えられます。

　第1クール（半年とか1年）の参加者が少なくても，地域でグループを長く続けていると，徐々に口コミで人数は集まって来ることが多いようです。

4. メンバーの出入り

> ・オープン（随時募集・入会）にするか，クローズド（固定メンバー）にするか，セミクローズド（必要に応じて募集）にするか。

　オープングループは，いつでも新規メンバーを受け付けるものです。人数が増えたり減ったりします。クローズドグループは，固定メンバーですので，人数は変わらず安心して話を深めることができますが，逆にマンネリ化する恐れもあります。セミクローズドはその中間で，人数が増えればクローズドになり，減ると新しいメンバーを募集することになります。

　初めてグループを開く人にとって，メンバーが何人来るか心配になると思います。セミクローズドのつもりで始めると，気持ちは楽かもしれません。

2 会場の設定

　会場をどこにするのか，ということは，グループにとっては非常に大事な問題です。安定して長期間借りられることが必要です。

1. どこにするか?

- 公共の施設，サポートしてくれる人が提供してくれる場所（教会など），個人の家，などが考えられるが，一長一短がある。
- 公共の施設は，交通機関の便が良い，駐車場が利用しやすい，新しいメンバーにとって場所を見つけやすい，などのメリットがある。逆にデメリットとしては，毎回予約をするのが面倒，資料などを保管する場所がない，色々な人が出入りするので落ち着かない，場所によっては事務的な感じ（冷たい感じ）がする，などである。
- 個人の家は，予約が不要，アットホームな雰囲気を作りやすい，落ち着ける，などのメリットがある。デメリットとしては，公共の場所の逆で，交通機関・駐車場などの便が悪い可能性がある，会場をなかなか見つけることができない，会場を提供した人に負担が集中する，などである。

➜ セルフヘルプ・グループの場合

　公共の会場としては，たとえば「公民館」「市民センター」「女性センター」「福祉センター」などが使えるでしょう。あるいは，公共施設に準ずる神社・寺・教会などが会場を提供してくれることもあります。なかには1年間の継続使用を保証してくれるところもあるでしょうが，多くは毎回予約が必要となります。予約はやってみると非常に負担です。自分が予約ミスをすると会合が開けなくなります。1つの会場を安定して使うことができない場合には，複数の会場を行ったり来たり，ということが起きたり，毎回会場の変更を連絡する必要が出てきます。

　また，誰か個人の家を拝借できれば，抜群の安心感がありますが，どうしても提供してくれた人の負担が大きくなります。それに提供者は欠席できない，遅刻できない，気を遣う，ということが多くなります。また，いつのまにか提供者がグループの中心人物になってしまい，メンバーが依存的になる（上下関係ができてしまう）可能性もあります。

もうひとつの方法は，共同でアパートの一室を借りることです [9]。いくつかの団体で共有すれば，負担はそれほど大きくなりません。毎週何曜日はどこのグループが使う，という形です。しかしその場合でも，部屋の管理を担当する人が必要になります。

　ところで，新しいメンバーにとって，会場まで出向くということ自体，かなりのエネルギーを使うものです。グループの人たちは自分を受け入れてくれるだろうか，何か嫌なことを言われるのではないか，などと不安になります。また，「グループに出る」ということ自体，「自分はこういう問題を持っている（たとえばアルコール依存である）」と認めることになるからです。気持ちに抵抗が生じると歩く速度も落ちるし，「会場が見つからなかったら，行かない言い訳になるんだけどな」というような無意識の働きも出てきます。そうすると，なかなか会場までたどり着けない，ということが起きます。会場周辺をぐるぐるまわって，結局，出席しなかったという人を私は何人も知っています。

➔ サポート・グループの場合

　スタッフが所属する機関が会場になることもあると思います。たとえば，女性センター，児童相談所，病院，学校などです。これらの会場は，スタッフにとっては慣れた場所ですし，他の職員もいるので安全度は高くなります。同時に，メンバーにとっては権威的な雰囲気を与えることもあり，依存的・消極的になりやすくなります。

　逆に，地域の公民館などで実施すると，メンバーにとっては慣れた場所なので，スタッフに対する依存度が下がります。

　要は，どんな雰囲気のグループにしたいのか，ということです。病院で実施するとどうしても「いかにも病院でやっているグループ」という雰囲気（「治療が目的」という雰囲気）になりがちです。

---

[9] 私の名義で，アパートを一部屋借りていたことがあります。それほど大きな負担でもありませんでした。専用の場所があるというのは楽しいものです。資料やパソコンも置けます。

2. 交通の便

> ・公共交通機関が使える場所かどうか？　駐車場はあるか？

　公共交通機関の使える場所でも，あまり街中から遠くなると，交通費がかさみ，負担になる参加者もいます。また，病気や障害を持つ人にとって，長い距離を歩くのは辛いものです。最近では，街中にコイン駐車場が増え，駐車料金も下がっているので，車で来る人も多いと思われます。

3. 予約と鍵開け

> ・個人の家であれば不要だが，公共機関の場合には，予約と鍵開けが必要になる。鍵開け係は2人くらいいると，一方が何か緊急の用事で来られなくても安心である。
> ・前述した通り，予約と鍵開けは，結構負担になる。責任が重い。セルフヘルプ・グループの場合は，できるだけメンバー間で分担することをお勧めする。

　会場によっては，1年間分の予約が取れるところもありますが，毎回毎回，決められた日に予約を取らないとならない，というところもあります。これは結構負担です。できるだけ，まとめて予約が取れる会場を探すことをお勧めします。

➔ セルフヘルプ・グループの場合

　せっかく時間通りに鍵を開けたのに，待っていてもなかなか人が来ない，ということはよくあります。「自分だって忙しいところ，がんばって定刻に来ているのに」とメンバーを恨みたくなります。こういうときは，ありのまま

を皆さんに伝えるといいでしょう。誰かの負担の上にこの場所が維持されている，という当たり前のことにメンバーは気づく必要があります。気持ちをわかってもらうと，一人で待っていても，それほど寂しくなくなるのは不思議です。

➔ サポート・グループの場合

同様に，スタッフ2人くらいで交代にすると負担は楽です。

3 開催日と頻度の設定

1. 頻度

- 毎週開くか，月2回か，月に1回か？ [10]
- 毎週開くと，何曜日は会合に行くというリズムができる。ただ，毎週となると時間的に忙しい人には厳しいかもしれない。
- 月2回の場合，第1，3土曜日，というような決め方をしておくと間違えなくて良い。
- 月1回だと時間的な負担はかなり減る。ただ，毎週開く場合と比べると，集団としてのまとまりや，相互作用は減る。1回休むと，次のミーティングまで2カ月空くことになり，メンバーであるという自覚が薄くなる。

まずは，月1回くらいから始めるといいでしょう。依存症系のグループにように，毎日あるいは一日に何回もミーティングを開く会もあります。一度始めてしまうと，スタッフは欠席ができないので，できるだけ無理のない，

---

[10] 1回だけのグループ，というのもありえます。「最近こういう経験をしたのでぜひ，ほかの人に聞いてほしい」という形で1～2時間のグループを開くこともできます。私の経験では，パワーハラスメントで会社を辞めた方が，その経過を皆さんに聞いてほしいということで，8人のメンバーによる2時間程度のグループを開きました。

くたびれない程度の頻度で開くといいと思います。

　断酒会のように，市内にいくつものグループがあり，今日はここ，明日は
あちら，というふうに，毎日ミーティングがどこかで開かれている，という
ような形もあります。毎日，しらふで出席しているうちに，だんだんと断酒
の期間が長くなっていく，というからくりです。

2.　曜日と時間

- 何曜日の何時から始めて，何時に終わるか？
- グループ参加者の特性により，時間帯はかなり変わる。日中働いている
  人が多いグループならば，夜7時以降か，土曜日・日曜日ということにな
  る。仕事を持たない人が中心ならば，午後の比較的早い時間が良い。
- 時間であるが，標準的には1時間半〜2時間程度。3時間だと少しくたび
  れる。1時間だと話す時間が足りない。

　参加者の都合によって日時は決まります[11]。やってみて，メンバーの意
見を聞きながら変更すると良いでしょう。

---

[11] 私が開催している「月曜会」は，スタート時には6時開始の3時間グループでしたが，
残業などで遅くなる人が増えたため，現在では午後7時開始の2時間グループとなってい
ます。また，日に当たると体調が悪くなるというような病気の場合でしたら，日差しのき
つい時間帯を避ける，などの手があります。

3. 期間（期限）──無期限でやるか，あらかじめ期限を定めるか？

➔ セルフヘルプ・グループの場合

- グループは一度始めてしまうと，特に問題が起きない限り，延々と続く。セルフヘルプ・グループは無期限のものが多い（問題との付き合いは一生続く場合も多く，セルフヘルプ・グループの多くが期限を定めていないのは合理的である）。
- 半年〜1年程度を1クールとすることも可能である。

　セルフヘルプ・グループで扱う問題の多くは，「解決」や「終了」を期待できないものです。たとえば，身体障害など，一生この問題と付き合っていく必要があるものが多いでしょう。問題に「終了」がないのですから，セルフヘルプ・グループも無期限に続く場合が多いようです。無期限といっても，もちろんいつか終わりは来ます。

➔ サポート・グループの場合

- 半年〜1年程度を1クールとすると良い。
- セミクローズド・グループとして，長期に継続する方法もある。

　ある程度メンバー同士が知り合い，お互いに率直に語り合えることを考えると，半年〜1年を1クールとすると良いと思います。月1回のグループなら6〜12回，毎週のグループなら，25〜50回程度のミーティングを開けます。
　数回のミーティングで終わるグループの場合でも，集まること自体に意味があります。同じ悩みを持っている人がほかにもいる，ということがわかるだけでも気持ちは楽になります。
　1クールが終わった段階でいったん終了させ，またメンバーを選び（あるいは一部入れ替えて）新しいグループをスタートさせる，という形式が多い

と思います。メンバーもスタッフも，期限（終わり）があることで，目的の達成に焦点を絞ることができます。

　無期限のサポート・グループを実施することもできます。この場合には，ゆっくりと自分の問題や人生について語り合うことが多くなるでしょう。

４　費用

1.　何にどのくらいお金がかかるのか？

- グループを運営していくためには，当然費用がかかる。主なものは，「会場費」「広告費」「通信費」「茶菓代」「備品代（パソコンや事務机などを買う場合）」などである。
- 対外的な広報パンフレットの作成費用。
- 外部の補助金を申請することもできる。
- サポート・グループの場合は，スタッフの謝金・交通費を考える。

➔ セルフヘルプ・グループの場合

　まず，グループの存在を知らせるためのチラシの印刷費がかかります。後出の「広報」のところにも書きますが，意外と紙に書かれたものは信用されるようです。

　グループを続けるなかで最もお金がかかるのは，会場費だと思います。長期に続けるのでしたら，無理せず，なるべく安い会場を押さえます。また，お茶とお菓子も毎回買うと結構な出費になります。通信費については，最近はインターネットが使えるのであまりかからないと思いますが，連絡用の電話代 [12] などが必要かもしれません。メンバーの皆さんのネット環境が整っ

---

[12] サポート・グループ運営者のなかには，専用の携帯電話を購入し，連絡用に使っている人もいます。

Ⅲ　グループの基本構造

ているとは限りません。

　社会に対してなんらかの訴えをしていくためには，その問題の現状を知らせたり，グループの活動を紹介するパンフレット[13]が必要になります。これはグループが始まってから，メンバー全員で考えていけば良いと思います。

　まずはシンプルに無理なくやりましょう。

➔サポート・グループの場合

　サポート・グループの場合は，スタッフの謝礼や交通費をどうするか，という問題があります。公的組織などが開くグループ以外では，手弁当でスタッフをしている人が多いと思います。長期にわたって継続していくことを考えると，交通費くらいは確保したいところです。

2.　補助金は出るか？

- 補助金や助成金を探すという手もある。
- 既存組織のなかでグループを開催する場合は，組織から資金が出ることが多い。

　外部の補助金を取得できる可能性は，意外にあると思います。たとえば，県や市などの行政機関による助成金，民間助成団体による助成金などがあります。（公財）助成財団センター（http://www.jfc.or.jp/）などで探してみてください。ある程度，活動実績を作った後の方が取りやすいこともあります。

　その際，会の規約や代表者の名前，補助金の使用についての会計報告，などが外部に公表されることがあり，それを考慮する必要があります。自分たちのお金でできる範囲のことをした方が安全，という考え方もあります。

---

[13] パソコンでレイアウトしたものを，印刷会社で製本してもらうと安価で済みます。

3. 会費をいくらにするか？

> • 外部からの援助がない場合には，基本的には「かかる費用」÷「人数」と
> なる。
> • 実情を見ると，セルフヘルプ・グループならば100〜500円程度，サポー
> ト・グループの場合はさまざま。いずれにしても，メンバーの経済状況
> によって大きく変わる。

➔ セルフヘルプ・グループの場合

　収入のない人にとって1回500円でも高いと感じられます。さらに交通費
を加えるとかなりの額です。逆に普通に働いている人にとってはあまり気に
ならない額でしょう。ですので，収入によりスライド制にするという方法も
あります。たとえば，1カ月の収入が10万円以上ある場合には500円，それ
以下の場合は300円などという決め方もできます [14]。

　ほかには，参加費は基本無料とした上で，献金袋を回し払える分だけ払う
という方法もあります。

➔ サポート・グループの場合

　公的機関や大学などが実施するのでしたら，スタッフの費用は組織が負担
しますし，会場費も要らないということがあります。その場合は，参加費を
無料にすることもできます。

　民間で個人的に開いているサポート・グループの場合は，スタッフが謝金
をもらうべきかどうかは難しいところです。本来，プロフェッショナルであ
るスタッフが参加しているとすればかなり高額になります。ですが，実際に
は専門家自身がボランティア的なスタッフとしてグループを開くケースも多
いようです。

---

[14] 私が運営している「月曜会」はずっとこの方式で，500円と300円です。

では実際にいくらにするか？　メンバーの経済状況に合わせて考えてください。茶菓代だけもらって100〜200円というグループもありますし，1,000〜2,000円というグループもあります。1クール5,000円，というような方法もあります。

5 広報──メンバー募集方法

1. パンフレットを作成するか？

- とりあえずパンフレットを作ってみると良い。
- 問題は，どこに配るかである。必要な人に届くことが大事なので，対象の人が集まりやすい場所がどこなのかを考える。
- 公的機関（保健所など）でもグループの情報提供をしている。
- 「セルフヘルプグループ・フォーラム」などのイベントがある場合には，関係者が集まるので，そこで配布すると効果的である。
- 「セルフ・ヘルプ・クリアリングハウス」（情報センター）やネット上の情報サイトがあるので，そこに登録する。

　一番確実な募集方法は，「口コミ」でしょう。参加した人が新しいメンバーを連れて来てくれる，という形は安心できます。また，病院などの専門機関からの紹介というのも，グループに適した人を選んでくれる場合が多いと思います。普段から，関係者と連絡を取ったり仲良くしておくと良いでしょう。
　「SNSの時代にパンフレットが必要か？」という議論もあると思いますが，意外にパンフレットのような紙媒体を見て参加するというメンバーは多いようです。SNSとは違って，紙媒体を発行するには手間もお金もかかり，誰かが実際に動いて配布しているわけですので，その団体が信用できると判断される可能性が高くなります。

2. ホームページを作成するか?

• ホームページを作成すると，多くの人に情報を伝えられる。

　対人関係が難しい人々にとって，インターネットは強力なコミュニケーション方法となっています。スマホユーザーもたくさんいますので，情報を伝えやすいでしょう。

3. SNSを利用するか?

• 簡単に情報を発信しようとするなら，SNSを使う。

　スマートフォンの普及率を考えると，現在のところTwitterなどのSNS [15] を利用するのが，宣伝効果としては最も大きいと思われます。ただ，どんな人が見ているかわからないため，参加対象を絞りにくくなります。

　SNSは種類がたくさんあるので，メンバーになりそうな人たちがよく使っているものを調べてみましょう。特に若者は流行に敏感なので，彼らが今現在，好んで使っているものを聞いてください。

4. 参加希望者からの連絡をどう受けるか?

• グループへの参加希望者は，電話や電子メール，SNSなどを用いて連絡してくる。また，関連する団体やマスコミなどからの連絡も入る。

---

[15] 旧版を発行した2004年と最も大きく変わったのは，SNSの登場でしょう。

> - 電話をかけても良い時間帯を明示して，パンフレットに掲載しても良い。連絡用のメールアドレスを掲示するのも安全な方法である。

➔ セルフヘルプ・グループの場合

　現在のところ，一番安全で確実なのは電子メールでのやりとりでしょう。

　ただし，グループ参加に迷っている人や，グループ活動の具体的な内容を知りたい人に対しては，電話を使った方が簡単かもしれません。非通知設定にしておいて，「非通知で〇〇時に電話します」と伝えれば，電話番号を知られることもありません。

➔ サポート・グループの場合

　主催が公的機関や団体の場合は，その電話番号にかけてもらうと良いと思います。ただ，担当者が電話に出ることができる時間帯を示しておく方が安全です。

　他のグループからのメンバー紹介やマスコミなどから連絡が来る可能性もあります。とりあえずは電子メールで連絡を受けると良いと思います。

6　メンバーとの連絡方法

1.　名簿を作るか?

> - 名簿を作る必要性があるかどうか考える [16]。

　ここでいう名簿は，名前（本名）・住所・メールアドレス・電話番号などの

---

[16] 旧版では，「名簿をメンバーと共有するかどうか」について書いていましたが，実際には名簿類はスタッフのみが管理しておいた方が安全でしょう。

情報です。グループでは匿名性が重視されることが多いので，グループを運営するにあたって，このような情報が必要かどうか考えてください。

　手紙やニューズレターという形で，郵便物があるのならば氏名と住所が必要でしょう（グループによってはニックネームを用いるところもあり，本名を知らないということもあります）。

→ セルフヘルプ・グループの場合

　全く名簿を作らないという手もあります。名簿がなくてもメールアドレスやSNSでのつながりがあれば連絡は可能です。

→ サポート・グループの場合

　スタッフはなんらかの責任を負いますので，メンバーの連絡先などは確認しておいた方が良い場合が多いと思います。

2.　ニューズレターを発行するか？

> ・なんらかの都合で，ミーティングになかなか参加できない人もいる。メンバーやグループの情報を掲載すると，「つながり」が消えない。
> ・郵送・電子メール・SNS，あるいはミーティングで配布する。

　遠方に住んでいたり，身体的・精神的な調子が悪くてミーティングに参加できない人もいます [17]。そういうメンバーのためにも，定期的にニューズレターを発行することは，メンバーとグループをつなぐ絆となります。

　情報伝達の早さから言えば，電子メールなどが有効なのですが，インターネットを使えない人もいます。紙媒体のニューズレターだと，イラストや手

---

[17] 病気や障害により家から出られない人のために，スカイプやZoomなどのネットでつなぐグループがこれからは必要だと思われます。

書き文字などが親近感を与える，などのメリットがあります。また外部への情報流出を考えると，紙媒体の方が安全です。

　なお，ニューズレターも匿名性を保つため，「外部の人に見せないでください」と記載し，実名も載せない方が安全でしょう。

3.　メーリングリストやSNSを利用するか?

- 「メーリングリスト」はインターネットを通じて，登録者全員に一斉に配信する方法である。登録者だけに配信され，登録者以外からは投稿できない。
- LINE，Twitter，FacebookなどのSNSを利用するか。

　メーリングリストがあれば，会場とか時間の変更はいつでも連絡できます。私はいくつかのメーリングリストを現在活用していますが，今のところ，外部から侵入されたり，匿名の中傷メールが出される，などの被害はありません。「管理人」担当の人だけがアドレスを登録したり削除したりできるので，安全だと思われます。

　その他，たくさんのSNSツールがあります。次々と新しいものが出てきますので，使いやすいものを探してください。

7 除名・解散手続き

1. 休会勧告規定[18]や除名規定を作るか？

- グループに参加しない方が良いと思える人がいる。怒りを爆発させる人とか，中傷を止めない人とか，守秘義務などのルール違反を繰り返す人などである。
- 精神状態が不安定で，調子が良いときには問題ないのだが，悪くなると様子が変わってしまう人もいる。その場合は「休会」を勧める。
- 最終的には除名せざるをえない場合もある。その場合，「いつ，どこで，何名以上の賛成があれば除名できる」という規定を作っておかないと，グループが消滅するまでその人と付き合うことになってしまう。

　グループを開催していると，色々な人が参加してきます。参加したい人は誰でも受け入れたいという気持ちになりますが，実際には受け入れられない人たちも存在します。

　たとえば，暴力的な人，アルコールを飲んでくる人，基本ルールを守らない人，グループの目的とは別の目的（営利や恋人探し）を持っている人，などが来る可能性があります。もちろん，このような人たちが頻繁に来るわけではないですし，実際には「厳重注意」をすることで，問題が解決する場合も多くあります。しかし，問題が繰り返される場合には，きちんとした対応をすることが大切です。

　休会勧告規定は，「グループとメンバーの双方を守るためにグループ参加をしばらくやめてもらう」という趣旨です。セルフヘルプ・グループの場合は，皆で話し合うか，臨時のミーティングを開いて決めます。

[18] 休会勧告規定は旧版にはありませんでした。除名する前に，「今は調子が悪いので，しばらく休んでみてはどうか」と休会をお勧めすることがありえます。

除名規定については，たとえば，「基本ルールを守らない，あるいは本会には不適当と思われるメンバーについては，スタッフミーティングにおいて過半数の賛成があれば除名できる」などとすれば良いでしょう。

　除名する／除名される，ということは，グループ全体にとっても，その本人にとっても大きな心理的負担となります。だからといって，見過ごすわけにはいきません。スタッフミーティングではきちんと議論をし，不必要に議論を長引かせることなく決断します。

　サポート・グループでは，スタッフが責任をもって決断すべきです。いたずらにメンバーを巻き込むことはしない方が良いと思います。反論も出るかもしれませんが，グループ中にきちんと理由を説明します。

　ただし，除名まで行くケースはごくごく少数です。10年グループをやっても1人いるかいないかだと思いますが，除名規定を作っておかないと，グループを消滅させるしか方法はなくなります（コラム①を参照してください）。

2.　解散規定を作るか？──グループは解散が難しい

> ・スタッフミーティングを開き決定する（例：ミーティング参加者の半数以上の賛成がある場合にはグループは解散とする）。
> ・解散後は，旧グループの名称を使用しない。
> ・解散後も，グループへの問い合わせが来るので対応が必要。

　解散規定の例としては，「スタッフミーティングにおいて過半数の賛成があればグループを解散できる。なお，解散後に新たなグループを作る場合には，旧グループ名を使わない」としておくと良いでしょう。グループが機能しなくなったとき，あるいはもう十分に機能を果たしたと判断した場合には，通常のミーティングあるいはスタッフ・ミーティングで話し合い，解散します。

　ただし，「○○会○○地区支部」のような全国組織を持ったグループも存在しています。この場合は，自分たちの意志では解散できず，活動が空洞化し

たまま存続していく，という場合も出てきます。本来，このようなグループは解散すべきです。

　機能しなくなったグループを解散する，というのは意外と難しいものです[19]。「こんなグループじゃ意味がない，解散した方がいい」と思う一方で，「このグループがなくなったら自分は行くところがなくなる」「メンバーと会えなくなるのは寂しい」と思うからです。

　また，たとえ解散しても，一度グループ名を公開すると，その後も問い合わせが来ます。その対応も必要です。

---

[19] 私はあるグループの解散に付き合ったことがあります。そのグループは完全に機能不全に陥っていて，毎回数名の古株メンバーが意味のない議論を繰り返していました。古株メンバーは前回の議論を蒸し返すため，新しく来たメンバーは何のことかさっぱりわかりません。色々と改善が試みられたもののうまくいかず，解散が提案され，議論の後グループは解散しました（ですが，その後1年くらい経って，グループは新たに活動を始めました）。

Ⅳ 導入面接・説明会をするか？
（主にサポート・グループの場合）

1 導入面接をするか？

> • 必要に応じて，参加希望メンバーに対して，スタッフが個人面接を行う。

　グループが開催される前に，参加希望の方に対して，個別にスタッフが目的や方法などを説明し，グループ参加の意思を確認します。

　また，スタッフは，その方の精神状態も考慮し，心理的に耐えられるかどうかを判断します。暴力被害者などのトラウマを持つ方は，うつ状態になったり，パニック症状が出てくる可能性もあります。精神障害を持つ方は，他のメンバーの経験が刺激になり，症状が悪化するかもしれません。

　参加を断る場合には，「今回のグループの目的は△△ですので，○○さんのご希望とは違っているようです」「グループには色々な人が来るので，○○さんにとっては刺激が強すぎると思います」「今は止めておいた方が良いと思います」など，理由を丁寧に説明します。

　参加希望メンバーも，いきなりミーティングに入るのではなく，その前に色々と具体的で個人的な質問ができるので，グループ参加への不安を減らすことができます。

2 説明会をするか？

> • 最初のミーティングは「説明会」とし，スタッフはグループの目的・方法
> などを説明し，それを了解した人をメンバーとする，という方法もある。

　上記の導入面接と目的は同じですが，説明会では個別ではなく，参加希望
者に来てもらいます。参加希望者は，スタッフだけではなく，他の希望者の
顔ぶれも見ることができます。その上で，参加するかどうかを決定します。
　いきなり第1回目ミーティングを実施してしまうと，最初のミーティング
だけ出て，「目的が違う」とか「あの人がいるなら出るのを止めよう」などと
考えて，以後出席しない人が出てきます。欠席者が増えると，残っているメ
ンバーの士気も下がりますし，自分たちの態度が悪かったのだろうか，など
と考えてしまうことになります。ですので，第1回目は説明会とし，この段
階で参加を取りやめる人は止めてもらった方が，後々の出席率もよくなると
思います。
　専門家が運営しているサポート・グループの場合，活動について研究とし
てまとめたいと考えることは多いと思います。研究とは，自分の活動を自慢
して見せることではありません。他の専門家のチェックを受け，活動をより
良くするためのものです。あるいは，これからサポート・グループを作りた
いと思っている人たちの参考になる資料を残すためのものです。
　研究をする可能性があるのなら，最初の説明会の段階で「同意書」[20]を
取り交わします。研究の目的や方法，プライバシーの厳守，データの取り扱

089

---

[20] 研究をする可能性があるのなら，必ず同意書を取ってください。グループ活動のな
かで，最もトラブルが生じやすい部分です。メンバーから見ると，「自分たちは実験材料
にされるのか？」とか，「スタッフは有名になりたいのか？」などという気持ちが出ます
し，それはある程度当然です。ですので，きちんと誠意をもって説明することです。
　もし，話し合いの内容を録音するのであれば，最初から募集チラシに明記します。「新
しい実践であるため，このグループについては研究も行いたいと思っています。そのため
録音を取らせていただきますが，みなさんのプライバシーは厳守します」などと書きます。

い，同意の撤回方法などについて，文書として提示し，サインをしてもらうことが大事です。

Ⅴ | グループ当日の進め方

1 当日のスケジュール [21]

- 話し合いの時間は，だいたい1時間半程度が標準。
- 途中に休憩を入れると，少し緊張が緩む。
- 最後には，「一言コーナー」のような全員が話す時間を入れると良い。

　集中力が続くのは，せいぜい2時間です。1時間では全員が話せません。ですので，だいたい1時間半，長くても2時間を目処にすると良いでしょう。

　途中に休憩を入れることをお勧めします。特に初めて参加したメンバーは，最初は緊張して周りを見渡す余裕もありません。しかし，開始後30〜50分くらいで休憩が入ると，部屋の様子を見たり，資料を見たり，お茶を飲んだりして，自分のペースを取り戻せます。

　また，終わる前に，全員が短く感想を言い合うような時間（私は「一言コーナー」と呼んでいます）を入れると，あまり話せなかった人も，少しでも会話に加わることができます。

　終わる時間は守りましょう。緊張している人は早く解放されたいかもしれないし，次に予定がある人もいるかもしれません。会が盛り上がって終わりにくいときでも，スタッフは「また次回に話しましょう」と言って，打ち切った方が良いです。グループは長く続きますので，ゆっくりと進めましょう。

　なお，「話し合い」以外の活動を入れることも可能です。忘年会や新年会などがあっても良いでしょう。グループが始まったばかりでグループの緊張が

---

[21] 旧版では，なぜかすっかり抜け落ちていました。新たに加えました。

高いようなら，アイスブレークのワーク（少し身体を動かしたり，UNOなどのカードゲームをする）を入れることもできます。また，たこ焼きパーティなど，皆で同じことをすると緊張感は緩み，会話だけでは知ることができないメンバーの特徴を知ることができます。

　なお，グループの進め方の具体例を付録②に書いています。グループ初回のイメージがつかめると思いますので，ご覧ください。

② ルールの設定

1. 基本ルールの設定

> • どのグループでも共通する基本ルールは以下の通り。
> ①批判しない，説教しない
> ②言いたくないことは言わない
> ③プライバシーを守る

（1）「批判しない，説教しない」

　大事なことは「自分について語る場を保障する」ということです。ある人の語りは，別の人から見ると，「間違った考えだ」と思われるかもしれません。「それは違う，なぜなら〜だからだ」と議論したくなったり，「そういう考えだからダメなんだ」みたいな説教をしたくなるかもしれません。でも，それはルールとして明確に禁止すべきです。

　その理由は，初めて語るときは理路整然と語ることができない[22]，ということが普通だからです。話し慣れてないことを話すときには，言葉が詰まり，理屈が通らなくなり，さらに怒りや悲しみが出てきます。感情的になって偏った意見を言うかもしれません。うまく話せなくて当然なのです。です

---

[22] pp.134〜135を参照してください。

から，そういう語りをまずは静かに聞きましょう。

　話を聴いている人は，色々と自分のことを思い出したりします。そういうときは，「今の話を聞いて思い出したのだけど，自分は○○だった」というように自分について語りましょう。その場合もできるだけ批判的に聞こえないようにしましょう。

　セルフヘルプ・グループでは，しばしば「言い放し，聞き放し」というルールが取られます。一人ひとりが，自分について語ります。この際，他者の発言に対してコメントすることはしません。討論はしないわけです。時間になったら，それで解散，というグループも多いと思います。

　「言い放し，聞き放し」のメリットとしては，批判される恐れを持たなくて済む，全員が必ず発言できる，意見の食い違いで対立することがない，などです。デメリットとしては，順番に話すだけなので物足りない，自分の意見がどう受け止められたのかわからない，などがあります。しかし，セルフヘルプ・グループは，「その場に行く」ということ自体に意味がある場合も多いのです。たとえば，アルコール依存の人が，アルコールを飲まずにその場に出ることができた，というのはそれだけで一日断酒したということになります。

(2) 言いたくないことは言わない

　新しく来たメンバーは，「質問されたことには答えないといけない」と思い込んでいる可能性があります。そういう人は，次々質問された場合，答えているうちに疲れ果ててしまいます。ですから，最初から「言いたくないことは言わなくても良いですよ」と伝えておくと，「これは言っても良い内容，これは言わない方が良い内容」と自分で判断できるようになります。

　また，もし何も話さなかったにしても，本人にとっては意味がある場合が多いものです。グループに出席すること自体，自分の問題と向かい合おうとする気持ちの現われです。人の話を聴くだけでも，色々と考える材料がもらえます。

（3）プライバシーを守る

　グループで話されたことは，ほかで話さないという当然のエチケットです。

　とはいえ，グループで起きたことを全く話してはいけない，というわけではありません。ほかの人の個人情報は話してはいけませんが，自分について話すのは構いません。たとえば「グループに行って，こんなことを感じた」とか，「人の話を聞いていて，私は○○を思い出した」などを，特定の親しい人に話すのは構わないでしょう。

　また，「グループの内容をインターネットに公開しない」という約束が必要かもしれません。特に若い人が多いグループでは，不注意にネットに流す可能性があります。

2. その他のルールの設定

> ● グループの特徴に合わせて，さらにいくつかのルールを決める。

　グループの特徴に合わせて，いくつかのルールを設定しておいた方が良い場合があります。例を挙げてみます。

（1）「ニックネームを使う（名乗りたい名前を名乗る）」

　名前を知られたくない，絶対に秘密にしたい，という場合もあります。そのようなときは，「こういう名前で呼んでください」とニックネームなどを使うと安心できることがあります。また，AA（Alcoholics Anonymous）などのアノニマス（匿名）系のグループでは，お互いをニックネームで呼ぶことが多いようです。

　大都市では，匿名性を保つのは割と簡単です。しかし，小さな町では，名前を名乗るだけで，すぐにどこの誰かがわかってしまいます。日常の役割に縛られずに，一人の人間としてそこに参加する意味でも，無理に本名を明かす必要はありません[23]。

(2)「聞きたくない話題が出たときには退席しても良い」

　過去のトラウマなどを扱うグループの場合には，ほかの人の話を聴いているうちに記憶がよみがえってきてしまうことがあります。そのとき，無理して会場にいると後で不調になったりします。一時的に退席して，ぼーっとしていたり，散歩したりして，落ち着いたら戻ってきてもいいでしょう。また，グループの人に一言断って帰宅することも良いかもしれません。自分のそのときの調子を大切にすることが大事です。

(3)「グループには，アルコール（薬物など）を飲んで来ない」

　依存症関連のグループでは当然のルールでしょう。また，一般のグループにおいても，アルコールや薬物を使用してグループに来ると，自分の発言や行動に責任を持てなくなります。

(4)「宗教（あるいは健康食品など）などの勧誘はしない」

　問題を解決する目処がたたないときに，宗教に頼りたくなるかもしれません。それ自体は何の問題もありませんが，弱みにつけこまれて，財産を失うということも起きています。自分の信条として宗教の話をするのは構わないでしょうが，宗教の勧誘などをグループの内外（外でも！）でしないことが原則です。また，健康食品や代替医療で元気になった，と話すのは構いませんが，それがほかの人にも効果があるかどうかはわかりません。人に強く勧めるのは止めるべきです。

(5)「アドバイスは短く」

　自分も同じような経験をしている場合には，自分のことを話して，アドバイスしたくなるものです。しかし，問題が似ているからといって，同じ解決方法が通用するとは限りません。また，多くのメンバーは，日常生活のなか

[23] 私は個人的には，ニックネームが苦手です。何だか気恥ずかしいのです。ですので，たいてい本名を名乗りますし，私の実施するグループでは本名を言ってもらうようにしています。

で，ほかの人から色々と見当違いなアドバイスをされたり，最後まで話を聴いてもらえない，という経験があるのではないでしょうか。「話したいことを話す」ことが大切なのです。解決を急ぐ必要はありません。

もちろん，アドバイスが有効な場合もあります。そのときは短く伝えます。

(6)「グループ外のことには責任を持たない」

グループ外での交流についてはグループは責任を取れません。何か問題が起きた場合には本人たちの間で解決してもらうことになります。

3 スタッフの役割[24]──時間管理，ルールの徹底など

1. 会場を準備する──メンバーが来る前に何をするか？

> ・鍵を開ける。
> ・テーブルや椅子を整える。
> ・お茶などの用意をする。
> ・参加費を徴収する（終了後でも良い）。

まずは居心地の良い環境を作ります。メンバーは多かれ少なかれ，緊張してやってきます。緊張をほぐす意味でも，アットホームな雰囲気を作りましょう。

公民館などの公共機関の場合は，少し早めに来て，鍵を受け取ります。エアコンをつけて，お湯を沸かし，お茶の準備をします。

参加費ですが，遅刻する人がいたり，途中で帰る人がいるかもしれませんので，適当な時間に徴収します。会場に箱などを用意して各自で入れてもらうという方法もあります。

---

[24] 旧版の「サポート・グループ」の項目では，かなり詳しいスタッフの役割（ファシリテーション）について書いていました。このマニュアル部分にそれを書くと煩雑になるので，一部は第3部に移しています。

2. グループを開始する

- 「時間になりましたので始めます」と言って始める。
- 「このミーティングの基本ルールは，○○と△△です」と確認する。壁などにルールを貼っておいても良い。
- その日のテーマが決まっていれば，それを伝える。

「始め」と「終わり」を宣言するのはスタッフの役割です。いつのまにか始まり，なかなか終わらない，というグループにはならないようにしましょう。

3. ルールを維持する

- 「言い放し，聞き放し」などのルールが崩れて，議論になってしまったり，誰かが長いアドバイスを始めた場合は止めに入る。
- 誰かが長時間独占しているようなら，「ほかの人のお話も聞いてみましょう」などと声をかける。
- その場にいるのが辛そうなメンバーがいれば，「席を外して休むこともできますよ」と声をかける。
- 前回のミーティングでの話題が繰り返されるときには，「ご自分のことを話されるのは構いませんが，今日欠席している人の発言についてはプライバシーの問題がありますから，話さないでください」などと注意する。

メンバーは，自分の話に熱中しはじめると，周りのことが見えなくなるものです。人の話を聞きながら，自分も同じような経験があると，ついついアドバイスしたくなります。いつのまにか，話し手の話題を取ってしまって，自分のことを話し出す人もいます。
　このように基本ルールは時々忘れられます。ルールは紙に書いて貼ってお

くと，スタッフが指さすだけでも「ああ，すみません」と気づいてくれます。

　また長年抱えてきた問題を，ようやくここで話ができる，という場合には長く場を独占することもあります。それが必要なときもありますので，見極めが必要です。特に，初めての参加者は，どのくらい話すのが良いのか，自分でもコントロールできないときがあります。話しすぎると，後で辛くなります。長すぎる場合には，スタッフはやんわりと話を止める方が良いでしょう。「大事なお話が続いていますが，ほかにも話したい方もおられるでしょうし，次回またぜひ，ここでお話の続きを聞かせてください」などと話します。

　前回の話題が蒸し返されることがあります。蒸し返された方はびっくりしますし，前回その場にいなかったメンバーは，何の話かわかりません。そこで，「前回のことは，わからない方もおられますので，簡単に経緯を説明するか，今日は今日のお話をしましょう」と言うと良いでしょう。

4.　話を独占する人への対応

- ずっと話しつづける人がいたり，どんな話題でも最後には自分の話に持っていってしまう人がいる。
- 沈黙になるのが怖くて，何でもいいから皆で話そう，と焦る人もいる。
- 「言い放し，聞き放し」のルールがあれば，独占を防ぐことは可能である。

　「今は誰の順番（話者）か」を示しておくと良い場合があります。グループの中央にぬいぐるみなどを置く方法があります。話したい人はそのぬいぐるみを取って話します。話し終わるとまた中央に戻し，次に話したい人がぬいぐるみを取ってまた話し出します。あるグループでは「トトロ」のぬいぐるみを使っていましたが，手触りもいいし，何となく安心感もあり，良かったです。「誰が，今，話している人か？」ということを明確にする方法です。スタッフも「ほら，今トトロは○○さんのところにありますよ」と指摘します。

　沈黙が怖い人がいます。とにかく何か話題を提供し続けようとします。「グ

ループでは時々沈黙になりますが，そういうときには皆さん色々と考えている
ようです。私は沈黙は割と好きです」などと話すと良いと思います。

5. 休憩を取る[25]

- 早めに1回休憩を入れる。
- 話が混乱したり，感情的になったときにも，頭を冷やす意味で休憩を入れる。

　初参加の人はたいてい緊張しています。周りを見渡す余裕もありません。しかし，途中に10分くらいの休憩が入ると，トイレに行ったり，近くの人と話したり，スタッフの様子を観察したりすることができます。ですので，できれば30分を経過したあたりで，一度休憩を入れることをお勧めします。

　また，ルールが守られずに感情的な議論になってしまった場合にも，頭を冷やすために休憩を入れます。スタッフは休憩を上手に利用してください。「ちょっと休憩を取って，また考えましょう」と言えば，皆ほっとすると思います。

6. グループを終了する──話せなかった人にも配慮する

- ほとんど話す機会がなかったメンバーがいる場合，最後に「何か一言ありませんか？」と聞くと，ここで少し話せる場合がある。「何も話さない」という選択も可能なので，無理に話をしてもらう必要はない。

[25] 旧版にはなかった項目です。休憩をうまく使うと，緊張のコントロールができます。

- 初めて来た人などは，ほとんど何も話せないままに終わることがある。最後に少し自分のことを話してもらったり，感想を言ってもらったりすると次回も来やすい。
- プライバシーの保護について確認する。「ここで聴いたことは外で話さないでくださいね」と明確に伝える。

　せっかく参加したのに，話し合いの間，ほとんど話せないということがあります。話題についていけなかったり，誰かの話題に圧倒されて何も言うことはない，などということが起きます。話せなかった人のために，最後の10〜20分くらいで「一言コーナー」を作っておくと，それまでの話題とは無関係のことを話すことができるので，感想とか，自分の最近の様子などについて，少し話すことができます。

　プライバシー保護のため，「インターネット上にグループについて書かない」と約束した方が安心です。

4 グループでの話の内容──テーマを設定するか？

- 「病気との付き合い方」「最近の楽しみ」「親子関係」「結婚」「人間関係」など，その日のテーマを決めても良い。
- ミーティングの最初に，「今日はどんなテーマで話しましょうか？」と始めても良い。
- テーマを設定しない場合には，思いついたことを自由に話してもらう。

　グループには，もともとの目的があるので，無理にテーマを定めなくても，それほど大きく逸脱はしないと思います。毎回のテーマがあった方がやりやすいか，ない方がやりやすいかは，ミーティング中に皆で考えてみるといいと思います。

5 グループ外の活動──グループ外でのメンバーの交流をどう考えるか？

- 「グループ外で起きたことについては，原則的に私たちは関知しません」と伝える。

　吃音やひきこもりのグループのように，人間関係ができずに苦しんできた人も多いと思います。ですので，グループで友達ができること自体は，良いことだと思います。一緒に遊びに行ったり，恋愛関係が生じたり[26]，そういうこと自体が，人間関係のスキルを上げることになるかもしれません。

　しかし，スタッフとしては，外で何が起きるかまではわかりませんし，責任も負いかねます。そのため，最初に，「グループ外のことについては責任を負いません」と明言しておいた方が良いと思います。

---

[26] 恋愛問題はよく起きます。グループ内での恋愛は周りの嫉妬心などを引き起こし，解決は難しくなります。

VI | スタッフミーティングを開く [27]

スタッフだけが集まって，グループの運営などについて話し合うものです。

定期的に開く場合もありますし，必要が生じたときに集まるという方法もあります。

特にグループを始めたばかりの時期には，短い時間でもスタッフミーティングを開くと良いと思います。グループが終わって，少しホッとしたところで，スタッフ同士で感想を言い合い，次回に向けて準備をします。

1 いつ開くのか？

- グループ終了後，スタッフ同士で感想を言ったり，記録のために開くことがある。
- 数カ月に一度，グループ全体の動きの確認や問題への対処などを話し合うことがある。
- スーパーバイザーにアドバイスを求めることもできる。

スタッフミーティングは，グループの終了後に話し合う場合と，数カ月に一度別の時間を作って集まる場合があります。

---

[27] 旧版では「事務ミーティング」としていました。英語ではBusiness Meetingとなり，グループ運営の事務的な側面のミーティングになります。改訂増補版では，独立項目にし，名前も単純に「スタッフミーティング」としました。

→ セルフヘルプ・グループの場合

　終了後スタッフが残るのは，主に記録を取るためです。ですので，記録の必要のないグループ（セルフヘルプ・グループの多くはそうだと思います）の場合，毎回終了後に残る必要はありません。

→ サポート・グループの場合

　サポート・グループの場合は，グループに対する責任が強くなりますから，簡単でも良いので記録を残すことをお勧めします。後に，外部で活動を紹介したり，学会などで活動をまとめるためには記録が必要です。

　スタッフミーティングは，グループ全体の動きを確認したり，方針を変更したりするために開かれます。また，問題が起きたとき（ルールを守らないメンバーへの対応）などについても話し合われます。この際，スーパーバイザーに同席してもらうとアドバイスをもらえます。

2 何をするのか？

> ・「記録を取る」「グループ全体を動きを確認する」「欠席や退会者が相次ぐときへの対処」「難しいメンバーへの対応」「グループ外部との連携」などが課題となる。

　記録は，「出席者」「スタッフ」「取り上げられた話題」「話し合いの流れ」「グループ全体の雰囲気」「各メンバーの様子」などを記録します。どのくらい詳しく記録をするかは，記録の目的によります。備忘録程度でも十分な場合は，時間をかけず10分くらいで終わると良いでしょう。サポート・グループで，スタッフが学会発表や論文作成などを考えている場合には，30分〜1時間くらいかけて，細かな記録を取ります。しかし，記録にあまり時間をかけすぎると疲れるので，適当に切り上げましょう。

　グループ全体が穏やかな雰囲気で経過しているときは良いのですが，欠席

者が増えていくようだとその理由を考えます。グループの居心地が悪いとか，何か問題をはらんでいる可能性もあります。

　また，難しいメンバーにどう対応したら良いか，ということが話題に上がると思います。難しいメンバーとは，まずは「話を独占する人」です。色々なタイプがありますので，対応方法を工夫してみてください。また，「ルールを守らない人」「怒りを抑えられない人」「妄想的な発言をする人」などは，その理由を考え，精神状態が安定するまでグループ参加を遠慮してもらう，などの対応が必要になるかもしれません。

　スーパーバイザーがいれば，アドバイスをもらってください。

　「グループ外部との連携」ですが，グループが動き出すと，外部から「グループの様子を聞かせてほしい」というリクエストがあるかもしれません。メンバーの紹介もあります。地域の保健所とか，研究会とか，セミナーなどの講師に招かれるということもあると思います。そういう場合の対応はスタッフミーティングで考えます。

　また，活動をまとめてパンフレットを作ったり，出版したりすることもあると思います。その際も，スタッフミーティングで合意を得ておけば，問題は起きません。

104

グループを解散する
（準備段階では考えなくても良い）

1 解散を決める──解散規定に従って決定する

　グループを解散することは，前向きな行動であると私は考えます。機能し
なくなったグループに，いつまでも関わり合っていると気持ちが消耗してい
きます。軽々と設立宣言をしたのだったら，軽々と解散宣言もすべきです。
何かを手放したのなら，その手に新たなものをつかむことができます。

　そして，また新しい一歩を踏み出していきましょう。

> • グループが十分機能を果たしたと感じたとき，あるいはグループがうま
> 　く機能をしないと判断したときは，グループを解散する。
> • 解散規定に従って決める。
> • 今後，グループを続けたい人は，また別の名前でグループを開始する。

　とはいえ，グループを解散する，というのはなんとなく寂しいものです。
目的を十分に果たしたグループであれ，うまく機能しなくなって解散に追い
込まれたグループであれ，それまであったつながりが消えていくのは辛いも
のです。グループが解散すると，それまでのネットワークが切れてしまいま
す。グループが開かれているうちは，大体どこで誰が何をしているのか，と
いう噂は入ってきます。何となくわかるのです。しかし，グループが解散す
ることによって，情報のネットワークは途切れ，二度と会えないという人が
増えます。

　とはいえ，永久に続くグループはない，と覚悟を決めて，とりあえず解散

することです。また元気が出てきて，やり直そうと思ったら，いつだってできます。悲観的になるのはやめましょう。

2 解散後の処理を決める

1. 備品などの処理方法

- パソコンや文房具などを処分する。
- 名簿などの個人資料は，シュレッダーなどで厳正に処分する。
- 発行資料などがある場合には，これをどうするか考える。

2. ストックされた会費などの処理方法

- スタッフ全員に還元するという方法もある。
- 関係団体に寄付するという方法もある。

　グループが長く続くと，備品や貯金が結構たまるものです。これを処理することは意外と難しいのです（なので，できるだけ物を買わず，お金を貯めず，グループを身軽にしておく必要があると思っています）。

　設立当初から関わってきたスタッフは，自腹を切って費用を負担してきていることが多いと思います。スタッフミーティングで了承が得られれば，そのスタッフに還元するのも良いでしょう。あるいは関係する基金や団体に寄付するという手もあります。

　私は，ある解散したグループの資金を長い間，手元に保管していました。自分たちで作成した資料を売った代金がかなりたまっていました。結局，同じ目的を持つ他の地方の支援団体に寄付しました。解散規定もなかったグループだったので，解散後，このお金をどうするのか何も決まっていないままに

なっていたのです。解散規定をきちんと作っておけば，悩まないで済んだと思います。

3.　外部からの問い合わせへの対応

- グループが解散しても，配布したパンフレットなどがあちこちに残っているので，連絡は来る。

　メールアドレスなどを公開していると，ずっと後になっても「会に参加したいのですが」などの連絡が来ます。丁寧に「グループは解散しました」と連絡する必要があります。

　ホームページもしばらく公開したままにしておき，「グループは解散しました」と提示した方が良いでしょう。

模擬グループをやってみよう

　グループを始めるときには，実際の会場で（あるいは似た場所で），グループのシミュレーションをすることをお勧めします。模擬グループを1回開いてみるということです。そうすると，開催イメージができて，メンバーに対する配慮も行き届くようになりますし，何よりスタッフが安心します。

　まず，メンバーはどのルートで会場まで来るのかを想像します。この看板が目に入るなとか，看板は愛想があると安心できるな，などとアイディアが出てきます。次に会場に入ったときに，どこに受付があるのか，受付の人はどんな表情で何を言うのか，名前や住所などを書いてもらうのか，名札に記入するのか，などを考えます。参加者の目線でグループを見てみる，ということです。

　また，受付が終わった後，どこに座れば良いのか迷うものです。スタッフが「ここに座って待っていてください」と言う方が，「好きな場所に座ってください」と言うより丁寧でしょう。

　机や椅子の配置は極めて重要です。私はグループについてのセミナーで呼ばれたときには，毎回，実演してみせます。皆さんも色々とやってみてください。図を使って説明します。

　図①を見てください。まず，机を使わないというやり方です。利点は，全身が見えますので，皆さんの様子がよくわかるということです。逆に，身体が他者にさらされますので，なんとなく居心地悪く感じます。

　よくあるのは，横長の事務机をいくつか組み合わせる形です。ここでの注

①基本的な配置案（Ⓢはスタッフ）

【机を使わない場合】　　　　　　　　　　　　【机を使う場合】

②大人数の場合

【机を使わない場合】

・スタッフは並ばない
・机の間は開けない

【机を使う場合】

109

③座り方のバランスが悪い場合

空席

空席

空席

空席を作らず
近づける

空席

空席

④外れている人がいる場合

無理に近づける
必要はないが，
気にしておく

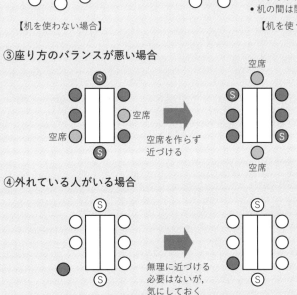

意点はスタッフは並んで座らないということです。その理由は，スタッフからすぐ横の人の表情が見えない，ということがひとつ。もうひとつは，「上座－下座」という形を作らない，ということです。図②の中央の図ではスタッフは2人並んでいますが，これでは何か事務的な会議を連想します。下座側の人の発言が減る，ということが実際に起きます。また，できるだけ人と人とは等距離に座るようにします。

　また大人数の場合，図②の中央の図のように，テーブルの真ん中が空いていると，「言葉はそこに落ちる」というような言い方がされます。すき間なく机を並べることをお勧めします。また，そうするとお茶やお菓子を置きやすくなります。

　図③のように，空席があって着席がアンバランスになることがあります。知り合い同士が近く座る，ということもあります。一度座ってしまうと自発的に移動するということは案外難しいので，スタッフは移動するように声をかけてください。原則は「等距離」です。

　図④のように，一人だけグループから外れる，ということがあります。わざわざ席を引き，遠くに座るということは時々見られます。「もう少し前に来られませんか」と声をかけると良いと思いますが，それでも近づかない場合は，なんらかの「理由」があるということですので，無理に詰める必要はありません。そのうち慣れてくると，近づいてくる場合もありますので，見守ります。

さて，グループが始まる前には何をするのでしょうか？　お茶が出るのか，お菓子はあるのか，音楽はかけるのか，などを考えます。ぬいぐるみをあちこちに置く，というグループもあります。不安なときはぬいぐるみを抱いてもらうと少し落ち着きます。

　続いて，スタッフが挨拶をします。実際にやってみましょう（付録2参照）。①「よくいらっしゃいました」という歓迎の挨拶と，②グループの目的，③ルールについて話します。

　さらに，スタッフ同士で短いロールプレイをしてみましょう。

　それが終わったら，終結場面です。本番ではなるべく時間通りに終わりますが，いきなり「時間ですので終わりましょう」というのも変です。どんな言葉を言うのか，実際に考えてください。

　以上を実際に行うと，やる前とは全く違った印象が出てくると思います。グループ場面をリアルに思い浮かべることができると，なんとなく安心感が出ます。ぜひやってみてください。

　最後に和室の場合について。

　和室は我々にとって慣れていてくつろげる雰囲気となります。座布団を置けば，どこに座るかもわかりやすくなります。しかし，机がないので，身体は人前にさらされます。

　「面と向かう」という雰囲気が強くなるかもしれません。その場合でも，真

ん中にお茶などを用意すると，少し距離が取れます。

　コラム①に書いた「月曜会」は，12畳の和室で開催しています。座布団を丸く並べて，真ん中に小さなレジャーシートを敷いて，その上にコーヒーとお菓子とお茶を用意しています。20年近く同じシートを使っているので，「マンネリですね」などと言われますが，買い換えようとはなかなか思えません。たしかにマンネリですが，それも良いでしょう。

第**3**部

グループについて
さらに知る

基本的な説明は第2部までで終わりです。グループの枠組みを一度きちんと作ってみますが，後はできるだけ自由に，メンバーとスタッフのニーズに合わせて，グループを変化させていきます。「こうあるべき」は脇において，柔軟に展開してみてください。自分たちのグループに合ったスタイルというものがあるはずです。

　この第3部は，もう少しグループについて知りたいという人のために作りました。
　ひとつはファシリテーション（促進方法）です。旧版では，チェックリスト（ワークシート）のなかに書き込まれていたのですが，その部分だけ詳細すぎて煩雑でした。改訂増補版では，ここで改めて詳しく説明します。
　もうひとつは，グループの機能についての理論的部分です。これは旧版にはなかったもので，ここ10年くらいかけて私のなかで整理されてきたものです [1]。グループの本質的な機能とは何かを「ライフストーリー」という概念を用いて説明していきたいと思っています。

114

[1] 私の専門は臨床心理学で，特にさまざまな形のグループ・アプローチを実践してきました。理論的背景は，「ナラティヴ・アプローチ（社会構成主義）」となっています。これについてはコラム⑥を参照ください。

Ⅰ　ファシリテーター[2] は何をするのか？

「ファシリテーター」とは，「促進者」という意味です。最近ではよく聞く言葉だと思います。「司会者」のように中立的でもありませんし，「リーダー」のように強力にコントロールもしません。普通のメンバーのように自分のことも話します。

セルフヘルプ・グループやサポート・グループにおいては，スタッフがファシリテーターを兼ねる場合が多いと思います。ファシリテーターは，グループのなかでどのような行動を取ると，メンバーは安心して自分のことを話せるのかを，以下，考えていきます。

1　ファシリテーターの基本的な役割

1.　時間枠を守る──「始めます」「休憩です」「終わります」を宣言する

一番大事な役割は，時間枠を守るということです。「始めましょう」と「終わりましょう」と宣言できるのは，ファシリテーターだけです。特に，終わりの時間は，できるだけ守った方が良いと思います。グループ後にどこかに行く予定がある人もいるでしょうし，居心地が悪い人は，「終わりましょう」の言葉を待っています。話が中途半端の場合でも，「その続きは次回また話しましょう」と言って一旦終わらせます。

また，「休憩」は，ファシリテーターにとって，とても役に立つ道具のひと

---

[2] ここで用いる「ファシリテーター」とは，グループの話し合いが始まって終わるまで，グループを安全に保ち，誰もが話しやすいように配慮する人のことです。サポート・グループではスタッフが兼ねることが多いのですが，セルフヘルプ・グループでは交代制にして皆で役割を回す，ということもできます。

つです。初めての参加で緊張しているメンバーがいる場合には，早めの休憩が役に立ちます。休憩中に，部屋のなかを見渡したり，お茶を飲んだりすると少し気持ちが落ち着きます。

　終了にあたっては，あまり話せなかった人に声をかけても良いと思います。「今日，参加されてどんな感じですか？」と聞いて，感想などを話してもらうと，その人の状態が少しわかります。「ここでは必ずしも話す必要はありません。話を聞くだけでも色々と自分のことを考える材料になります。でも，何か少し話してみたいと思ったら，話してください」という形で，話さない人を責める雰囲気にならないようにサポートをすると良いでしょう。

2.　メンバーを守る──ルールの徹底

　ルールは，わかりやすいように，毎回部屋のなかに貼り出しておくと良いでしょう。そして，そのルールが守れないとき，たとえばメンバーが別のメンバーを批判したようなときには，「ここにはさまざまな経験を持った人が来ています。それぞれ自分なりに考えてきたことです。どちらが正しいということはありません。色々な意見があるんだな，ということにとどめておきましょう」などと発言すると良いでしょう。議論がエキサイトしそうなときには，クールダウンのためにも休憩を取ってください。

　グループ終了後に，「ここで話されたことは，ほかの場所で話さないでください」と確認することも大事です。安易にインターネットに情報を上げる人もいるので，それもしないように注意を促します。

3.　新しいメンバーがいたら，全員の自己紹介を行う

　オープングループやセミクローズドグループでは，途中から新しいメンバーが入ってくることがあります。その際，新しく来た人に一言でも発言してもらうと，本人も周りのメンバーも，少し緊張がゆるみます。そして，スタッフやメンバーが「ようこそいらっしゃいました。歓迎します」と言ってあげ

ると，新しく来た人も「来て良かったんだ」とほっとすると思います。

　初めてグループに参加する人はさまざまな感情を持っています。たとえば，「ようやくここに来られた。これで自分は大丈夫だ」「自分だけじゃなかったんだ」「仲間がいる」などの肯定的な気持ちと同時に，「しかし，本当に自分に合ったグループなのだろうか」「自分は場違いじゃないだろうか」「何を話したらいいのだろう。変なことを話して笑われないだろうか」などなど，複雑な気持ちが湧いてきます。「ここは安心して参加できる場所だ」と実感するまでには，半年くらいかかる場合もあります。

4．遅刻してきた人に配慮する

　その日の体調や気分により，遅刻をする人もいると思います。本人も申し訳なく思っていることもあるので，スタッフがお茶を出したり，「今日のテーマは○○です。今，こんな話をしていたんですよ」と伝えると，遅刻してきた人も早く場に溶け込めます。

② ファシリテーターとして気をつけておくべきこと

　セルフヘルプ・グループの「言い放し，聞き放し」のミーティングでは，ファシリテーター（スタッフ）の役割としては，上記のことで十分だと思います。

　しかし，ディスカッションが行われ，さまざまな意見がやりとりされるセルフヘルプ・グループやサポート・グループの場合は，ファシリテーターとして気をつけておくべき点がいくつかあります。

　以下，まとめておきます[3]。

1. よく見る

　ファシリテーターはグループ全体をよく見渡している必要があります。ファシリテーターが複数いる場合には，隣同士に座ることは避け，できるだけ離れて座ります。そうすると，全員がよく見えます（コラム⑤参照）。

　メンバーがどんな表情をしているか，姿勢はどうかをよく見ます。もちろんジロジロと見ると，相手も緊張しますから，さりげなく全体を見渡します。そして，メンバーの一人ひとりが，緊張しているのか，安心しているのか，何か話したそうなのか，ここにいるのが辛そうなのか，などをよく見ようと努めます。話したそうにしている人には，「○○さん，何か話してみませんか？」と声をかけます。居心地が悪そうな人には，「席を外すこともできますよ」とか「お茶はいかがですか」などと勧めます。

2. よく聴く

　ファシリテーターはメンバーの話をよく聴きます。

　聴き方としては，「気持ちを聴く」方法と，「時系列を聴く」方法[4]があります。

　気持ちを聴く方法は，話の内容（事実）だけではなく，そのときどんな気持ちだったのか，という感情を聴き取るようにします。また，声の質（緊張しているとか，堅苦しいとか）にも注意します。「そのとき，どんな気持ちだったんですか」と質問したり，「それは辛かったでしょうね」と共感を示す

---

[3] 以下は私自身が受けてきたファリシテーターのためのトレーニングや，大学や精神科でのファシリテーター経験から書かれています。また「エンカウンター・グループ」という方法が好きで，200以上の合宿グループでファシリテーターをしてきました。そのほか，サポートグループや「月曜会」（コラム①参照）での経験やスーパーバイザーとしての経験も含まれています。
[4] 旧版では，気持ちを聴くことを強調していました。しかし，トラウマ関連のグループなどでは，気持ちは聴かない方が良いということがわかってきました。そこで，時系列，つまり事実の流れを聴く方が良いということを考えました。

こともできます。

　また，よく聴くべきなのは，メンバーの言葉だけではありません。ファシリテーターは自分自身がどんな気持ちなのか，自分に問いかけます。「今，自分はどんな感じだろうか」「何か変な感じはないだろうか」「何か気になっていることはないだろうか」と問いかけ，そこに表れてくる気持ちを感じ取ります。また，必要に応じて，それをグループで話します。たとえば，「私は今，何となく居心地が悪いのだけど，皆さんはどうですか？」「今のお話は何となくしっくり来ません。それが何なんだろうって，今考えているところです」などです。

　気持ちを聴くのではなく，時系列を聴くという方法もあります。たとえば，トラウマに関連する問題を扱っているグループでは，気持ちを聴くと混乱して，ますます話がまとまらなくなることがあります。そういう場合には，気持ちには触れず，何が起きたのかという事実だけを聴くと安心できる場合があります。聴き方としては，「どういう順番で何が起きたのか（時系列を整える）」ということが大事です。しばしば，何が起きたか，という事実自体が混乱していることが多いためです。

3.　話の整理をする

　初めて自分のことを話すときには，うまく話せないのが普通です。話があちこちに飛びます。最近のことを話していると思っていたら，実は20年前のことだった，というようなこともあります。そういうときには，上述したように前後関係や時間の流れを明確にするお手伝いをする（時系列を整える）と良いでしょう。「ちょっと待ってください[5]。それはいつのことですか？」「これが起きて，そして次にこうなったんですね」などと声をかけると，話し

[5]「話は最後まで聞く」と旧版では書いていました。しかし，今は少し違います。話の脈絡が見えないまま聞き続けるというのは，大変ですし，不自然です。ですので，（あまり頻繁ではなく）時々「ちょっと待ってください」と声をかけるのは，話し手にとってもありがたいことであったりします。

手も「あれ？　どうだったかな？」と考える余裕ができます。

　また，「言い放し，聞き放し」ではなく，話し合いが行われる場合には，意見の食い違いが表面化し，対立する可能性もあります。

　その場合には，ファシリテーターは議論を一旦止めて，今は何が問題になっているのか，どこに食い違いがあるのかを明確にしようとします。たとえば「ちょっと待ってください。私の頭もごちゃごちゃしてきたので，少し整理させてください。Aさんが言っているのは，○○ということですよね。で，Bさんは△△と言っている。これはどこが違っていて，どこが同じなんでしょうね？」などと質問します。

　ファシリテーターはグループで起きている葛藤を「解決」するわけではありません。葛藤をどう解決するかは，メンバーとファシリテーター全員の問題です。ファシリテーターは葛藤を「明確にする」ことに努めます。ファシリテーターは答えを出す人ではありません。葛藤が明確になれば，徐々にグループは展開していきます。

4.　話し合いを思い切ってストップさせる

　話し合いを一旦ストップできるのも，ファシリテーターだからできることのひとつです [6]。

　よくわからない話が長々と続いているときには，一旦止めてください。「ちょっと待ってくださいね」と止めます。

　ファシリテーターは，話を聴いていて，「何だろう，これは？」とか「話がただ流れていて誰も理解できていないのではないか」と思うことがあります。そのときは，思い切って「ちょっと待ってくださいね」「すみません。えーっと困ったなあ」「私は話がよくわかっていないんですが，どなたか助けてくれ

---

[6]「話は聴き続けなければならない」「邪魔をしてはいけない」と思い込んでいるファシリテーターがいますが，それは間違いです。ファシリテーターが話の内容がわからなくなっているとき，メンバーもわからなくなっている可能性が高いのです。ですから，そういうときには，思い切って介入し，話し合いを一旦止めます。

ますか」などと言って，グループの流れを一旦止めてください。

5. 沈黙を怖がらない

　経験の浅いファシリテーターにとって，「沈黙」は怖いことだと思います。これは，「グループはスムーズに話し合いが進行するのが良い」という固定観念から生じたものです。沈黙が怖くて次々と話題を出してくるメンバーもいますが，同じことをファシリテーターがする場合もあります。次々とメンバーに質問してみたり，「何か話題はないですか」と落ち着かない態度を取ることがあります。「多少の沈黙は構わない」「和気藹々だけが大事じゃない」と腹をくくることです。

　ただ，沈黙にも種類があります。たとえば，グループ最初の気まずい沈黙が数分続くようなら，何かをする必要が出てきます（「どなたか話してみたいということはありませんか？」など）。しかし，何かの話題が途切れて，皆がその話題について考えているときや，答えを探しているときなどの沈黙は，そのまましばらく様子を見る方がいいでしょう。

　「経験を言葉にするには時間がかかる」ということを思い出しましょう。

6. 「話が止まらない人」への対応

　特に，グループに初めて来た人は，自分がどの程度の時間話して良いかわからないということがあります。熱中してしまい，時間の感覚がなくなってしまうのです。ですので，長くなりすぎてきたと感じたときには，「とても大事なお話だとは思うのですが，時間も限られていますので，続きはまた次回ということでいかがですか」などと話し，ほかの人に振ります。

　また，ほかのメンバーのどんな話でも，最後には自分の話にしてしまう人がいます。pp.98～99に書いたように，「今の話し手が誰なのか」がわかるもの（ぬいぐるみなど）があれば，「今は，○○さんが話していますよ」と注意を促すことができます。

私としては，話が長くなりそうな人がいるときには，グループの始まりに次のように言うことをお勧めします。「話しはじめると，どのくらい時間が経ったのかわからなくなることがあります。また，話しすぎると，後で「話さなければ良かった」と思うこともあるかもしれません。ですので，話を途中で止めることがあります。でも怒らないでくださいね。それは皆さんを守るためです」と，「止めること」の了解を取っておくと良いと思います。「怒らないでくださいね」と言うのがポイントです。だいたい皆さん笑います。

7. ファシリテーターも自分のことを話す

　ファシリテーターがどのくらい話せば良いのかは，難しいところです。ですが，私は「ファシリテーターも話したいときは話しましょう」と勧めています。

　特に，ファシリテーターが同じ問題を持っている場合には，先輩として経験を話すことは，メンバーにとって役に立つと思います。

　ただ，当然ですが，グループが「ファシリテーターの話を聞く会」になってしまっては，意味がありません。メンバーの悩みに一々答えようとしたりする必要はありませんし，それはできないことです。

　また，時には自分の気持ちを素直に話しましょう。緊張していたなら，「私もこういう場では緊張しています」と話すと良いでしょう。どうしていいかわからないときは，「私も答えを持っていません。どなたか意見はないでしょうか」など正直に言いましょう。

　「率直に」「正直に」ということは，つねに大事なことです。

8. 率直な質問をする

　ファシリテーターが問題を共有していない（当事者性がない）場合，わからないことが多いと思います。そういうときは率直に聞きましょう。「教えてもらう」という態度は大事です。聞かれた側も，自分と立場が違う人が関心

を持ってくれている，というのは悪くない経験のはずです。

　また，当事者同士だからといって，本当にお互い理解しているのかどうかはわかりません。そういうときに，ファシリテーターが素朴に「どうしてそうなるのですか？」とか，「どんな気持ちになるんですか？」と聞くと，あいまいだったことがはっきりする，ということがあります。経験を言語化するためには，素朴で率直な質問がしばしば役に立ちます。

　問題を共有しないスタッフには，だからこそできる役割があります。「わかりません」という人がグループにいると，改めてそれについて考え，それを言語化するチャンスになりえます。

9．専門的立場からアドバイスする

　病院や薬のこと，保険や補助金のこと，法律的な問題など，専門的な知識がある場合にはアドバイスすると良いでしょう。とはいえ，診断や治療法などについての話は，安易にすべきではありません。

　また，アドバイスばかりしていると，「このグループは，メンバーが質問してファシリテーターが答えるグループなんだ」という認識ができてしまい，メンバー同士の交流の邪魔になります。

123

３　グループへの否定的な発言の扱い方

　最後に，グループに対する否定的な発言への対処法を考えておきましょう。

1．外部からの批判的な意見

　グループが始まったばかりで，社会への影響力も小さいときには，誰も何も言いません。世間からはほとんど無視されています。しかし，グループが大きくなったり，注目を浴びるようになると，色々と噂をする人たちが出てきます。グループのことをよく知らない専門家が何か言ったり，ほかのグル—

プの人たちがネットで批判的なことを発言したりします。

　対処法は，「知らん顔をする」「無視する」に尽きます。戦わない，反論しない。インターネットでのコメントは見ないようにします。

　人は色々なことを言うものです [7]。言いたいことを言えば良いと思います。ただ，それを聞く必要はない，ということです。

2.　内部のメンバーからの批判

　内部のメンバーからの批判については，話が違います。耳を傾けるべきです。

　グループに来ると，何か劇的な解決があるのではないかという期待を持ってきた人は，失望することが多いと思います。黙ってグループを離れていく人もいるでしょう。でも，もしグループの話し合いのなかで，「ちょっとがっかりしました」というような話題が出されたときには [8]，よく聞くと良いと思います。「どんな期待を持って，このグループに来られたのでしょう」と聞いてみます。すると，色々と話してくれるかもしれません。

　「グループに来たら自分の問題が解決すると思っていました。でも，何も変わらない。皆さんは何のためにこのグループをやっているのですか」というような形で気持ちが表明されると，緊迫した場面となります。しかし，これはある意味，非常に率直な心の表明です。

　こういう率直な発言があり，それについてみんなで考えていると，グループの雰囲気は変わっていきます。そして，発言した人も「そうか，自分の問

---

[7] 私も昔，色々言われました。性暴力被害のグループをしているときには，私が男性であるというだけで，色々言われたり，学会で女性研究者から無視されたりしました。また，「研究のためにメンバーを利用している」というような意味のない批判が，いつもどこからでも出てきます。知らん顔をしておくことです。

[8] ファシリテーターもメンバーも一気に緊張する場面です。特に新しいメンバーがこういう発言をすると，防衛的に身構えてしまうと思いますが，こういうときこそ，「よくがんばって言ってくれたなあ。どういうことなんだろう。参考にさせてもらおう」という気持ちで話してもらうと良いでしょう。

題は自分で向き合わないとならないんだ」「でも助けてくれる人もいる」「問題を解決するということは不可能かもしれないが，それでも少しずつ生きていくと楽になるんだ」「楽しんでも良いんだ」などの感触を持てるようになります。

　また，「私は皆さんとは違う気がする。ここに居ても良いのか，実は不安に思っていた」というような話が出るかもしれません。そういうときも皆で自分の気持ちを出し合いましょう。案外同じように思っている人がいるものです。

　そうやって，人々は少しずつ「メンバー」になっていきます。皆が皆，「グループは素晴らしい」「すごく感謝している」と言う必要もないし，それを期待する必要もありません。淡々とグループを続けるだけです。

＊

　ファシリテーターについての説明は以上です。

　なんだか難しいと思った方もいるかもしれません。でも，結局のところ，ファシリテーターが一番たくさんのことを学ぶものです。苦労をして考えたり行動したりすることで，ファシリテーターとしても人間としても，少し強くなれます。

　たくさん経験をしてください。そして，困ったときには，同じようなグループをやっている先輩などに相談してください。たくさんの仲間が全国にいる，ということがわかってきます。

125

II セルフヘルプ・グループと サポート・グループの本質的機能

　次にセルフヘルプ・グループやサポート・グループ（以下，まとめて「グループ」と表記します）の機能について，少し理論的な部分のことを書いてみたいと思います。

　グループの目的として，本書pp.33〜35に5つ挙げています。

1. 仲間に会える場所を作る
2. 情報交換をする
3. 問題行動や症状の軽減
4. 問題との付き合い方を考える
5. 社会に対して働きかける

　このなかで，「1. 仲間に会える場所を作る」ということは，グループの最初の目的であり，最も大事なものです。なぜなら，病気や障害などの問題を持つ，ということは「社会と切り離される」経験だからです。一度切り離された社会との絆を繋ぎ直す，それこそが地域社会におけるグループの基本的機能です。

　そして，1〜5を通して，最終的に目指そうとしているのは，「経験の言語化」であると私は考えています。それは「離断したライフストーリーを繋ぎ，そこから意味を見出すこと」です。

　これらについて，以下，説明をしていきます。

◼ 仲間（同じ経験を持つ人）と出会うこと

1. 世界との間に距離（亀裂）ができ，孤立する

　病気や障害を持つと，まず，親しかった人たちとの間に距離ができます。病気や障害などについて，家族や友人と話しても，すぐにわかってもらうということは難しいものです。なぜなら，本人も事態をどう説明したら良いかわからないし，ましてや周りの人も何の準備もできていません。たとえば，性暴力被害に遭った人が，周りの人から「なんでそんなところに行ったのか」などと自分に責任があるかのように責められることがあります。その話を聞いた人も動揺し，どう言ったら良いかわからず，とりあえず思いついたことを口にするとこういう発言になります。大きな出来事は，本人のみならず周囲の人をも混乱させるのです。

　また，それまで持っていた「人生観」「将来の夢や希望」というような人生の目標から距離ができます。絵を描く人が視力を失うとか，運動選手がケガをするとか，そういうことです。思い描いていたような人生を失い，何を目標に生きていけば良いのかわからなくなります。また最近増えている自然災害においても，家族や家を失うことにより，それまで想定していた人生とは違うものになってしまいます。

　病気で治療が始まれば日常生活と切り離されます。ほかの人が普通に仕事や学校に行っている時間に，治療やリハビリをしなければなりません。普通にできていたことができなくなり，人に依存しなければならないことが増えます。

　さらに，自分の知覚や感覚，思考なども機能しなくなることもあります。脳機能障害などで端的に思考能力が低下することもあるでしょうし，痛み（病気やケガあるいは治療の副作用）があれば，まとまって考えることもできないでしょう。

　このようにして私たちは世界から切り離され，徐々に孤立していきます。世界の周辺に追いやられ，端っこから落ちていきそうな気分になります。

2. 人は話を聴いてくれない

　そういうときには，人々はお互いに話をして慰め合ってきたはずです。ところが，大きな問題が起こると，人は案外聴いてくれません。というか，どう聴いたら良いのか周りも戸惑います。しばしば「そっとしておく」という名目で，「話を聞かない」ということが起きます。

　ドラマなどでも，たとえば，誰かが友達に「お父さんは何の仕事をしているの？」と聞いて，「父さんは小さい頃に亡くなったんだよ」と答えると，「悪いことを聞いちゃったね。ごめんね」と言うシーンをよく見かけます。友達ならば「ああ，そうなんだ。なんで亡くなったの？」くらいは聞き返しても良いはずなのに，なぜか会話はここで止まります。それが常識だとされています。ましてや，「大きな事件があって殺されたんだ」などと答えたら，聞いた側がうろたえ，関係がぎくしゃくすることは容易に想像できます。

　大きな問題，想像していなかった問題が起こると，本人だけではなく，周りの人もどう対応したら良いかわからなくなります。誰もそんな事態について日常から備えてはいないからです。その結果，ますます本人は孤立していくということが起きます。

3. グループに行くと，話を聞いてくれる，話さなくても通じるものがある

　ところが，グループに行くと，それがまるで「当たり前のこと」のように話されています。誰にも話せないと思っていたことが，いとも簡単にそこでは話し合われます。世界のなかにぽつんと一人でいるような気分だったのに，「あなたは我々の仲間だ」と言ってもらえるのです。これは驚くべき経験です。

　大きな問題を持つと，これまでの人間関係や人生観に亀裂が入る，と書きました。切り離されることが問題だとすれば，回復とは，切り離されたものを再び「繋ぐ」ということになります。

　トラウマ研究で有名な，ジュディス・ハーマンは「心的外傷体験の核心は孤立と無縁である。回復体験の核心は有力化と再結合である」[9] と書いていま

す。「孤立と無縁」を「有力化と再結合」に変えていくことが，大事なのです。

4. グループで何度も話をする，聴いてもらう

　グループでは，何度も何度も話をします。たとえ「言い放し，聞き放し」のグループであっても，そこには聴き手がいて，うなずいたり，そうだなあとつぶやいたり，拍手をしたりします。どういう話し方をすれば相手に通じるのかが少しずつわかってきます。少しずつ言葉を言い換えてみたりします。

　ディスカッションをするグループでは，直接質問されます。考えていなかったことを質問されると，何とかそれを言葉にしようと努力します。うまく表現できなくても，ほかの人の話を聞いているうちに，「そうか，そういう表現をすれば良いのか」とヒントをもらえます。

　そうやって何カ月，何年と経っていくうちに，自分自身が納得できるような話し方ができてきます。「ああ，自分はこんな風に考えていたのか」と自分でも意外な感じがするかもしれません。

　このようにして，仲間と出会うことを土台にして，周りの世界との「亀裂」を修復していくことになります。また，何度も話すうちに，過去と現在の間の亀裂も修復されていきます。前には思っていなかったような未来が見えてきます。すっかり変わってしまった未来かもしれませんが，そこには何か新しい希望が感じられるものです。それは，周りの人たちに助けてもらいながら，苦労して獲得した未来だからです。

5. グループ外の人たちとのつながりを回復する

　グループの仲間に対して自分の経験を表現できるようになると，それ以外の人たちにも話しやすくなります。家族や友人，仕事の同僚などにも，前よ

---

[9] Herman, J.L. (1992) Trauma and Recovery. Basic Books.（中井久夫＝訳 (1999)『心的外傷と回復』みすず書房）

り冷静に少しずつ話せるようになった自分に気がつくでしょう。つまり，グループの経験を元にして，普段の日常世界における人間関係の「亀裂」も修復されてきます。

2 離断したライフストーリーを繋ぐことと経験の言語化

1. ライフストーリーとは何か？

　グループの機能について，少し違う視点から見てみます。キーワードは「ライフストーリー」と「経験の言語化」です。

　ライフストーリー[10]とは何かと言えば，ある人の人生におけるさまざまなエピソードを時間軸上に並べたものです。どこでどんな風に幼年時代を過ごしたのか，その後の学校生活はどうだったのか，さらに仕事や趣味，結婚・出産，退職や老後というような人生の流れです。人生のなかには無数のエピソードがあります。楽しかったことも，辛かったことも，数限りなくありますが，そこからいくつかのエピソードを取り上げて，「学校時代は楽しかった」などとまとめて表現されます。語られる内容は，語る相手によって変わります。どのエピソードを取り上げるかということも，語るたびに少しずつ変化します。

　実際に人生を振り返ってみると，誰にでも，ところどころによくわからないエピソード，思い出そうとしてもあいまいな部分，あまり人に話せないこと，などがあるのではないでしょうか。ライフストーリーには，そういう意味ではあちこちに不連続や矛盾した部分があります。でも，普通それでも人は支障なく生きていけます。

　ところがもっと大きな不連続，亀裂や離断，というものもあります。たと

---

[10] 似た言葉に「ライフヒストリー」という言葉があります。こちらは，「事実」かどうか，ということが重視されます。話された内容を資料で確認する，というようなことがありえます。しかし，ライフストーリーは，事実かどうかというより，本人がどうストーリーとしてまとめるのか，ということの方が大事です。

えば，子どもの頃の虐待やいじめ，大事な人との死別，犯罪に巻き込まれる，などです。つまり，グループで扱っているような出来事です。

2．ライフストーリーが離断する経験

(1) 予想もしていなかったことが起こる

　グループで扱っているテーマ（pp.35～37）には，共通性があります。それは，「人生のなかで，予想もしていなかったこと[11]が起きてしまった」というものです。

　私たちが普段思い描いている人生とは，昨日があって，その連続として今日があり，そして明日も同じように続いていく，というものです。「あまり変わらない」ということが前提となって生活が組み立てられています。

　ところが，人生には思いもよらない出来事が起きます。たとえば，「昨日まで元気だったのに，事故に遭って下半身が動かなくなった」とか「突然，がんを宣告された」「大事な人を病気で亡くした」「震災で家も思い出もなくなった」「犯罪被害でPTSDになり仕事も外を出歩くこともできない」というようなものです。このような例はいくらでもあります。共通点は上述したように，「予測できないことが起こる」ということです。

　予測できないことが起こると，私たちの人生（ライフストーリー）は，突然切り離されてしまいます。昨日までのストーリーと今日あるいは未来のストーリーは，ぷっつりと切断され，連続性が途切れます。

　村上春樹の小説『騎士団長殺し　第2部』（2017，新潮社）に，次のようなやりとりが出てきます。主人公（絵画教師）が13歳の女子生徒に，10歳で亡くなった自分の妹について語るシーンです。

　　　「とにかくそれはある程度予想できたことだった。でも実際に妹が突然

---

[11] 遺伝的疾患などは，ある程度予想されていると思いますが，それがどういうものか言語化するためには長い時間がかかると思います。また，LGBTQ+のように，学童期や思春期になって，「あれ，人と違うかも」と気づくようなタイプもあります。

の発作に襲われて，その日のうちに死んでしまったときには，日頃からの覚悟なんて何の役にも立たなかった。ぼくは文字通り立ちすくんでしまった。ぼくだけじゃなくて家族全員が同じだった」

　「その前とあとでは，先生の中でいろんなことが変わってしまった？」

　「うん，その前とそのあとでは，僕の中でも僕の外でも，いろんなものごとがすっかり変わってしまった。時間の流れ方が違ったものになってしまった。そして君が言うように，その二つをうまくつなげることができない」（p.16）

　私たちの人生は，実際にはそれほど安定していません。突然の不幸とか，震災とか，そういうことは避けて通れません。何が辛いのかと言えば，「あんなに確かだと思っていたものが，あっというまになくなってしまう」という感覚です。自分の身にそういうことが起こるかもしれないと頭のどこかで考えていても，実際に起こってしまうと，立ちすくんでしまうのです。ライフストーリーのなかに大きな亀裂が生じると，とても不安な気分になります。

(2)「私」という感覚が揺らぐ

　私たちは普通，ライフストーリーの一貫性を保ちながら生きようとしています。それは，実はライフストーリーとは，「私」そのものだからです。

　「私は誰なのか」ということを考えたとき，私が自分らしいと思っているものや，自分の性格や個性だと思っているものは，実はライフストーリーです。また，誰かほかの人のことが「わかった」「ああ，あの人はこういう人だな」と思うときの，「こういう」はライフストーリーであることが多いと思います。「小さなときに重い病気にかかり，それを医者に治してもらった，だから私は医者を目指しました」というようなストーリーは，わかりやすく，またその人らしさを形成しています。

　ですので，ライフストーリーが離断してしまうということは，「私」そのものが不安定になってしまうということです。

　1回の大きな出来事でも大変ですが，小さな頃から繰り返された虐待のよ

うな場合には，ライフストーリーのあちこちに欠落（健忘）が生じます。トラウマ的な出来事自体が忘れ去られていることもありますし，それに関わるさまざまな記憶（どこで誰とどんな生活をしていたのか）があいまいになってしまうことがあります。こういう場合は思い出そうとしても，その傷口が痛みますので，記憶はなかなか戻りません。

(3) ライフストーリーは，「誰かに向けて語られたもの」である

ライフストーリーはつねに「誰かに語られたもの」という性質を持っています。逆に言えば，ライフストーリーを明確にするには，「聴き手が必要」ということになります。

私たちが一人で自分の人生を振り返るときには，だいたい同じような思考がぐるぐると巡ります。「○○ということがあった。だから今の自分は△△だ」と思っています。ところが，それをほかの人に向かって話すと，当然ですが相手は反応して，色々と質問してきたり，感想を言ったりします。すると，私たちは「あれ？　そういう質問をされて思い出したけど，こんなエピソードもあったな」とか，「違う解釈もありえるな」とか，少し考え方が変化します。

グループに行くと，そういう場面はたくさんあります。同じような経験を持った人が集まっていますが，経験の捉え方は人によってさまざまです。

133

3.　ライフストーリーを繋ぐ

予想外の出来事が起きると，ライフストーリーが離断します。その離断した部分とは，「言葉にできない部分」です。私たちが世界を認識するためには言葉が必要です。目の前に見えていても，それに名前や言葉がついていなければ私たちは認識できません。「離断している」「何か欠落している」ということはわかったとしても，そこで何が起きたのか，思い出せもしないし，人に話すこともできないのです。

つまり，前のストーリーと後のストーリーを繋ぐ言葉が必要になります。と

はいえ，すでに前後のストーリーは矛盾しています。何とかそのストーリーを繋ごうと努力して語るうちに，前後どちらのストーリーも変化していきます。

「過去は変わらない」とよく言いますが，実は過去は変わります。取り上げるエピソードが変わり，その解釈（意味づけ）が変わります。何度も語るうちに，以前とは随分違ったライフストーリーが作られていきます。

4. 経験の言語化

予測できない事態が起きたとき，私たちは言葉を無くします。頭が真っ白になった，という言い方もされます。それは，起きたことを表すための言葉を持ち合わせていない，ということです。

たとえば，「失恋」なども，突然起こることです。しかし，失恋だったら，過去に何回かそういう経験をしたことがあるかもしれません。またこの世界には，失恋とはどういうもので，どうしたらそこから立ち直ることができるのか，歌があり小説があり占いがあり，さまざまな言葉が用意されています。また，誰かがすぐに相談に乗ってくれます。普通の失恋だったら，ライフストーリーが離断するほどのショックを与えません。

ところが，「子どもを病気で亡くす」というような事態はどうでしょうか。すくすくと育って，将来こんな人になるんだろうなとか，いずれ自分もおじいちゃん・おばちゃんになるんだろうな，みたいなライフストーリーを想定しているはずです。ところが，それがいきなり断ち切られてしまいます。子どもを亡くしたことを慰める歌は多くないはずです [12]。誰かに相談したくても，相談できる相手はほとんどいません。相談された方も，どう慰めたら良いのかわかりません。だから，「子どもを亡くしたんですよ」と話すと，た

---

[12] こう書いた後に1曲思い出しました。古い歌ですが，加藤登紀子の「赤い風船」という歌は，子どもが風船を追いかけて車にひかれて死ぬ，という歌でした。そうやって考えてみると，荒井由実の「ひこうき雲」もそんな歌ですね。野口雨情の「シャボン玉」も，夭折した子どもの鎮魂だという説もあります。人生の大きなテーマは色々な形で歌われているのかもしれません。

いていの人は「ごめんなさい，悪いことを聞いてしまった」とおなじみのフレーズが出て，それで話は終わります。

　誰も聴いてくれる人がいない，ということは，上述したような，「ライフストーリーは誰かに向けて話されたものである」という性質からもわかるように，ライフストーリーの欠落部分を繋ぐような機会がなかなか得られないということを意味します。

5.　グループの機能

　そういうときに，グループに行くと，同じ経験を持った人たちがたくさんいます。多くの言葉を費やさなくても（そもそも最初は自分の経験をうまく話せません），メンバーたちはその気持ちや苦労をわかってくれます。

　皆，同じような経験をしています。グループの先輩たちは，その経験をどう話せば良いのかというモデルになってくれます。グループでは，何度も何度も同じことを話します。そして何度も話し，あるいは他の人から質問をされてまた考えて話をする，ということを繰り返します。そうするといつのまにか前よりも上手に表現できている自分を発見します。悲しみとか悔しさは変わらずあるにしても，それを泣いたりわめいたりではなく，言葉として語れるようになってきます。そのためには，普通，何年も何十年[13]もかかりますし，場合によっては生涯，言語化の作業が続くことがあります。

　亡くなった子どもは帰ってこない。でも，この子どもが自分たちのところにいたことは，何か意味があるはずだ，ということが頭に浮かびます。たとえば，「同じ病気の子どもたちを救いたい」とか，「こういう問題があることを社会に訴えていきたい」と思うようになるかもしれません。

135

---

[13] 私は，「色覚障害」（私は「色覚マイノリティ」と呼んでほしいと思っています）を持っています。自分の問題がどういうものであるのか，大学の頃から話すようになり，それにどういう意味があるのかを言葉にするのに，さらに10年20年の時間がかかっています。

6. 経験の言語化の3つのステップ

　本書の一番最初の「導入イメージ」を思い出してください。グループに通って自分の経験を語るうちに，友人にも語ることができるようになり，さらには見知らぬ人の前でも話をする，という経過になっていました。

　私は，経験を言語化するためには3つのステップがあると考えています。

(1) 同じ経験をした人と話すこと

　まだ自分の経験をほとんどうまく話せないとき，同じ問題を持つ人たち（言葉を持っている人たち）のなかで話すステップです。どこからどうやって話したら良いかわからず，混乱し，話は脈絡を失い，さまざまな感情に揺さぶられる。そういう状況でも，グループの人たちは静かに聞いてくれます。自分たちもそうだったからです。言葉に詰まると，誰かが補足してくれることもあります。

　また，ほかの人の話を聴きながら，どう表現したら良いのかを学んでいきます。話し方だけではなく，先輩たちが自分の経験をどう意味づけ，ライフストーリーに取り入れているのかを学びます。

(2) 同じ経験をしていない親しい人と話すこと

　家族や友人たちは同じ経験を共有していないため，自分の経験を理解しろと言っても，それは簡単ではありません。また，家族や友人たちも動揺し混乱するため，話を聴くだけの余裕を持てないことが多いと思います。

　グループに通い，何度も話すうちに，「人に伝わる話し方」というものがわかってきます。逆に，ここはグループの人には通じるが，ほかの人には通じにくい，という部分もわかってきて，さらに丁寧に話すことを心がけるようになります。

　言葉は徐々に落ち着き，伝わるものになっていきます。同時に，自分自身のなかでも，その経験が以前のように混乱したものではなく，何らかの意味を持ったものであると感じられるようになってきます。

（3）見知らぬ人たちの前で話すこと[14]

　講演を頼まれたり，何かの集会で話したり，家族会に呼ばれたりとか，ほとんど知らない人たちの前で自分の経験を話す機会は意外とあります。ある程度理解してくれている人もいるでしょうし，初めて話を聴く，というような人もいるかもしれません。このようなさまざまな人たちに何かを伝えるには，言葉を選ぶ必要があります。聴いている人たちとのやりとりを通して，言葉は徐々に誰にでも通じるものになっていきます。つまり，この世界のなかに，共通の言葉が蓄積されていくことになります。

　大きな問題を持つことが孤立を生むのだと書きました。であれば，孤立の解消とは，この世界との関係をもう一度取り結ぶことでしょう。

　経験は言語化を求めています。言語化とは，世界との和解でもあり，世界を変えるための挑戦でもあります。

　3つのステップと書いてみましたが，「こうなるべきだ」と周囲の人が考えるのであれば逆効果だと思います。しかし，今，混乱のただ中にあり，これからグループに行こうという人にとっては，ある程度の目処が立つと思います。

　とはいえ，人前で話せるようになれば成功で終了，というような単純な話でもありません。経験の言語化は長い長いプロセスです。また，人は生きているのですから，ライフストーリーには新しい経験が次々と書き込まれ，過去も未来もつねに意味づけが変化します。その人が，「辛いけど，これも自分の人生かもしれない」というような気持ちになるのかもしれません。そうではなくて，一生怒り続ける人生も，それはそれで良い気がします[15]。

137

---

[14] この章を書いている2020年4月現在，「フラワーデモ」が各地で行われています。性暴力被害者に寄り添う気持ちを表すために花を持ち寄っています。集会では，発言する予定のなかった参加者のなかから，自発的に自分の被害経験を話す人が出ました。長い間誰にも話せなかった経験を，こういう共感と支持がある場では出せるのだなあと胸が熱くなりました。

[15] 理由はわかりませんが，私は「怒っている人」が割と好きです。何かそこに真実があるような気がするからかもしれません。

社会構成主義はおもしろい

　私は，この考え方に出会ったとき，「やった！」と思いました。これまで疑問だったことの多くが，社会構成主義の考え方で説明できたからです。それ以来，私はすっかり社会構成主義者になってしまいました。

　社会構成主義の基本は，「言葉」です。「言葉が世界を作る」[1] という言い方をします。私たちが世界を認識する土台には言葉があり，言葉により人と経験や知識を共有したり，議論したりする。当たり前のように思えます。この言い方の面白いところは，逆に言えば，「言葉のないところに世界はない。認識できない，伝えられない，議論できない」ということです。「言葉のないところ」とは，まさにグループで扱っている人生上の大きな問題が生じている場所です。

　予想もしていなかった大きな問題にぶつかる。それは，我々が以前から使ってきた言葉ではとても表現できないものです。だから，グループでは，自分たちの経験を表現できる言葉を紡ぎ出そうとし，それを蓄積しようとします。グループに行くと「私が言いたかったことはそういうことだ」という気持ちになると思います。なぜなら，グループは，「言葉の集積場所」だからです。

　また，「社会的に構成される」という考え方もピッタリきました。私たちはただ一人で存在しているのではなく，つねに誰か他者と関わりながら，そのなかで構成されているのです。グループに行って，同じ経験を持った人と話していると，それまでの自分とはちょっと違う自分が「構成」されます。「あ

[1] 野口裕二（2002）『物語としてのケア』医学書院

れ？　自分はこんなことを考えていたんだ」とか，意外な言葉が口から出る。ああ，こういう気持ちだったんだと，改めて言葉として気づかされるのです。

　私はあちこちでこの話をしますが，「では感情とか身体感覚は不要なのですか？」という質問を受けます。言葉は，感情や身体感覚を頼りにしながら作られます。ですので，密接な関係があります。

　ところで，言葉とは，本来分けることができない気持ちや身体感覚を「分ける」ものです。気持ちそのもの，身体感覚そのものを過不足なく言葉で表現することはできません。その意味で「分ける」ということには痛みが伴います。分けることで何かを拾い，別のものを落としてしまうからです。言葉とはそういうものです。「こう言ってしまうと，ちょっと違う気がする。しかし，とりあえずはこう表現したい」というものとして，つねに出てくるものです。

　社会構成主義は難しくありません。最初に読む本としては，野口裕二氏の本『物語としてのケア』が良いと思います。セルフヘルプ・グループについても「ナラティヴ・コミュニティ」として書かれています。

付録

付録 1
グループ運営のためのワークシート

I｜最初に考える最も重要なこと

1 対象者（どんな人に来てほしいのか？）

- _____

- _____

- _____

2 グループの目的（グループで何をしたいのか？）

- _____

- _____

- _____

Ⅱ｜スタッフ／スーパーバイザー（相談役）

① スタッフ

一人 ・ 複数 （名前：　　　　　　,　　　　　　,　　　　　　）

② スーパーバイザー

不要 ・ 必要 ➡ （名前：　　　　　　　　　　　） ・ 未定

Ⅲ｜グループの基本構造

① グループの基本的イメージ

1．グループの名称

第1案：（　　　　　　　　　　　　　　　　　　　　　）

第2案：（　　　　　　　　　　　　　　　　　　　　　）

2．主催は誰か？： 個人 ・ 団体（　　　　　　　　　　　）

3．メンバーは何人にするのか？： 人くらい（最小　　人／最大　　人）

4．メンバーの出入り

オープン（随時募集） ・ クローズド（固定メンバー） ・

セミクローズド（必要に応じて募集）

② 会場の設定

1. どこにするか？：　確定　・　未定（候補場所）　➡　（　　　　　　　　）

2. 交通の便：　　　　　　　線　　　　　　駅（バス　　分／徒歩　　分）

3. 予約と鍵開け

予約　　不要　・　必要　➡　（担当者　　　　　　　　　　　）

鍵開け　不要　・　必要　➡　（担当者　　　　　　　　　　　）

③ 開催日と頻度の設定

1. 頻度

週　　回　／　　月　　回

2. 曜日と時間

曜日　　時　　分〜　　時　　分

曜日　　時　　分〜　　時　　分

3. 期間（期限）

無期限　・　期限を定める（クール制）　➡　（　年　　月〜　　年　　月）

④ **費用**

1. 何にどのくらいお金がかかるのか？（会場費・通信費・茶菓代・スタッフ費用など）

    _____（　　　　　円程度）　　_____（　　　　　円程度）

    _____（　　　　　円程度）　　_____（　　　　　円程度）

    _____（　　　　　円程度）　　_____（　　　　　円程度）

2. 補助金は出るか？

    出ない　・　出る　➡

    （どこから：　　　　　　　　　　／何についての予算：　　　　　　　　　）

3. 会費をいくらにするか？

    無料　・　有料　➡　（　　　　円　　□1回分　　□1クール）

⑤ **広報──メンバー募集方法**

1. パンフレットを作成するか？

    作成しない　・　作成する　➡　（配布先　　　　，　　　　，　　　　）

2. ホームページを作成するか？

    作成しない　・　作成する　➡　（　　　　　　　　　　　　　　　　）

3．SNSを利用するか？

利用しない ・ 利用する ➡ （種類 ， ， ）

4．参加希望者からの連絡をどう受けるか？

連絡方法 ➡ メール ・ SNS ・電話 ・ 手紙

6 メンバーとの連絡方法

1．名簿を作るか？

作らない ・ 作る ➡ （本名・住所・電話番号・メールアドレス）

名簿の取り扱い：

スタッフのみ見る ・ メンバー間で共有する ・ その他（ ）

2．ニューズレターを発行するか？

発行しない ・ する ➡ （ ）

3．メーリングリストやSNSを利用するか？

利用しない ・ する ➡ （何を使う？： ）

7 除名・解散手続き

1．休会勧告規定や除名規定を作るか？

作らない ・ 作る ➡ どのような場合に休会・除名にするか

- _____

- _____

- _____

- _____

　　手続き　□ スタッフが決める　□ メンバー全員で決める

2．解散規定を作るか？

　　作らない　・　作る　➡　どのような場合に解散するか

- _____

- _____

- _____

- _____

IV　導入面接・説明会をするか？（主にサポート・グループの場合）

---

① 導入面接をするか？

　　しない　・　する　➡　（どういう形で？　　　　　　　　　　　　　）

2 説明会をするか？

　　しない　・　する　➡　（どういう形で？　　　　　　　　　　　　　）

V｜グループ当日の進め方

1 当日のスケジュール

・開室　　　：　　　時　　　分

・グループ開始：　　　時　　　分
　（途中休憩を入れるか？　終わりに一言コーナーを入れるか？）

・グループ終了：　　　時　　　分

・閉室　　　：　　　時　　　分

149

2 ルールの設定

・ _____

・ _____

・ _____

・ _____

・ _____

③ スタッフの役割──時間管理，ルールの徹底など

- _____

- _____

- _____

- _____

- _____

- _____

④ グループでの話の内容

テーマを設定するか？

設定しない　・　設定する　➡　（テーマ：　　　　　　　　　　　　　　　　　）

⑤ グループ外の活動

グループ外でのメンバーの交流をどう考えるか？

- _____

- _____

VI │ スタッフミーティングを開く

1 いつ開くのか？

- _____

- _____

2 何をするのか？

- _____

- _____

VII │ グループを解散する

1 解散を決める──解散規定に従って決定する

2 解散後の処理を決める

1．備品などの処理方法

2．ストックされた会費などの処理方法

3．外部からの問い合わせへの対応

その他

- _____

- _____

グループの進め方
（セルフヘルプ・グループの実際例）

　セルフヘルプ・グループの初回の例です。こんな雰囲気なんだと思ってください。

　この例では，スタッフ2名も同じ問題を共有していることになっています。

　メンバーは説明会に出て，ある程度事情がわかっていると仮定しています。

開始30分前	・スタッフが会場に到着する。 　→会場への書類の提出，鍵を借りる，など ・会場準備をする。 　→エアコンの調整，お茶やお菓子の用意，会場の設営など ・メンバーが集まりはじめる。 ・受付で，参加費を集めたり，名札に名前を書いてもらう。座る場所に案内する。お茶やお菓子を勧める。
開始時間	①**ファシリテーターの挨拶・自己紹介** 　「皆さん，こんにちは。ようこそいらっしゃいました。集まっていただいて嬉しく思います。私の名前は○○です。今日は，△△さんと私が全体の進行を担当します。よろしくお願いします。 　私も皆さんと同じ経験をしています。誰に話してもわかってもらえなくて，辛かった時期もありました」 　※サポート・グループの場合は，自分の所属や立場（臨床心理士であるとか，精神保健福祉士であるとか）の説明を行う。

②グループ設立の経過・目的の説明

「あるとき，△△さんと出会って，二人で長い時間話しました。同じ経験をした人がいるというのはありがたいと思いました。自分一人じゃなかったんだ，わかってくれる人がいるんだな，と思うと気持ちが軽くなりました。

もっとたくさんの人とこういう話がしたいね，と△△さんと話しているうちに，じゃあ会を作ってみてはどうかと思いました。そして，今日こうやって皆さんとお会いできたわけです」

③基本ルールの説明

「会を作るにあたって，私たちは話し合って，「基本ルール」を作りました（壁に貼っておく）。「批判しない，説教しない」「言いたくないことは言わない」「プライバシーを守る」ということです。

それから，話しはじめると止まらなくなる人もいます。話しすぎると疲れるし，ほかの人が話す時間も大事です。そのときは「今日はこのくらいにしておきましょう」と止めるかもしれません。皆さんの時間を確保するということですから，止められても怒らないでくださいね」

※「怒らないでくださいね」と言うとたいてい皆さん笑う。止めることもあるけど，それは皆さんのためですよ，と伝えておく。

④料金の説明

「先ほど会費を払っていただきました。これは会場代とお茶代です。またスタッフの私たちは，交通費だけいただいています」

※この説明は特に必要ないかもしれない。ただ，なかには自分が払ったお金がどのように使われるのか，気になる人もいる。

154

　「私たちスタッフも同じ立場で参加しています。私も自分の話をしたいと思います。できるだけ皆さんが話したいことを話せるように，進行したいと思いますので，協力をお願いします。また，私は「先生」ではありませんので，アドバイスはあまりできないと思います」

グループ開始

①自己紹介（必要に応じて）

　「お互いに知らないと思いますので，最初に簡単で結構です。ごく短く自己紹介をお願いします。では，まず私からします」

　※一人ひとりの声を聞く，という感じ。こういう人たちが集まっているんだとわかると少し落ち着く。最初は緊張しているので，ゆっくりと始める。自己紹介はスタッフからすると良い。ひとつのモデルとなる。

②一人ひとり話す

　「では，◎◎さんから時計まわりでお願いします。最初は緊張もしますので，話せる範囲で大丈夫です。上手に話す必要はありません。パスもありです。

　聞いている方は，質問やアドバイスもしてください。ただ，そのときは「短く」お願いします。話が脱線したら，スタッフが軌道修正します」

　※緊張して短くしか話せない人，長々と話して筋が通らなくなる人，最初のルール説明を全然聞いていない人，アドバイスしたがる人，隣の人と雑談を始める人など，さまざまな人がいる。話すことに慣れていないのだから，ぎくしゃくするのは当然。最初からスムーズに行くとは考えないこと。

　「言い放し，聞き放し」のグループでは，質問もアドバイスもしないことが原則だが，アドバイスが欲しい参加者もいるので，柔軟に対応する。医療費や補助金などの具体的

155

質問については，答えられる人が答える。

③遅刻した人に配慮する

　途中，遅刻して入ってきた人がいたら，その場で声をかけます。「□□さん，こんにちは。今，順番に自分の経験を話している途中です。□□さんも順番が来たら話してくださいね」

| 休憩 | 「ちょうど半分くらい時間が過ぎましたので，5分間休憩を入れたいと思います」 |

　　　　　　※トイレに行ったり，お茶を飲んだりすると緊張もほぐれる。近くに座った人と雑談をするのも楽しい。全体の雰囲気も少し落ち着く。

| グループ再開 | 「では，次の方お願いします」 |

| 終了10分前 | |

①話せなかった人に配慮する

　最初の自己紹介だけでその後一言も話さない人もいます。無理に話す必要はありませんが，声をかけると良い場合があります。「◇◇さんは今日はあまりお話しされなかったですが，いかがですか。感想でも結構です」

　　　　　　※「一言コーナー」として，全員に短く感想を言ってもらう，ということもできる。

| 終了時間 | |

①終了する
「時間になりましたので，今日はこれで終わります」

②次回の日程の確認，スタッフ（担当者）の確認などを行う

| 終了後 | 皆で部屋を片づける，食器を洗う。 |

| メンバーが
帰った後
30分くらい | ・記録を取る。

※セルフヘルプ・グループのなかには，全く記録を取らない
　グループも多い。サポート・グループだと，参加者や話題，
　気になる人などについて記録を残すことが多い。終了直後
　に取らないと，記憶はすぐに薄れる。 |

セルフヘルプ・グループと
サポート・グループについての文献紹介

今回，改訂増補版のために，1979年から40年間の出版物を調べてみました。

セルフヘルプ・グループは特に爆発的なブームになることもなかった代わりに，何人かの専門家がじっくりと腰を据えて，研究と実践を続けてきたことがわかります。単行本は途切れることなく，40年間にわたり刊行されつづけてきました。またサポート・グループについても，少しずつ本（あるいは論文）が出てきています。

地域社会において，目立つこともなく，時には私財を投じて実践・研究を続けてきた人たちの努力に敬意を捧げたいと思います。

日本で発行された単行本

1979
セルフ・ヘルプ・カウンセリング

［編著］村山正治　上里一郎
［刊行］福村出版

日本にセルフヘルプ・グループを紹介した初めての本です。タイトルは『セルフ・ヘルプ・カウンセリング』となっていますが，内容はすべてセルフヘルプ・グループに関するものです。グループの定義，類型などが紹介されています。グループの例として，自閉症児，吃音，アルコール，信仰治療，精神障害，相互啓発などのグループの活動が掲載されています。さらに電話相談，コンサルテーション，コミュニティ・アプローチ，治療的コミュニティなども取り上げられています。

ところで，「断酒会」は本書の出版より10年以上早い，1966年に日本で発足しました。吃音者の「言友会」も1966年発足，自閉症児のグループ「土曜学級」は1969年，精神障害者の「葦の会」は1973年の発足とされています。つまり，まだ日本にセルフヘルプ・グループ概念が紹介される前の1960年代半ばから，日本ではグループが作ら

れていたことになります。当時は，前例も横のつながりもないまま，必要性に迫られて独自に開催されていたのでしょう。それらの活動に「セルフヘルプ・グループ」という名前が付いたのが，1979年のこの本，ということになります。

1985
セルフ・ヘルプ・グループの理論と実際
[著] アラン・ガートナー　フランク・リースマン
[訳] 久保紘章
[刊行] 川島書店

　この早い時期に，久保氏による翻訳が出ています。セルフヘルプ・グループを研究するなら，まずこれを読め，というような古典です。原著は1977年に書かれています。

1988
患者・家族会のつくり方と進め方
──当事者組織：セルフ・ヘルプ・グループ
[著] カレン・ヒル
[監修] 外口玉子
[訳] 岩田泰夫　岡 知史
[刊行] 川島書店

　日本人によって書かれた2冊目の本。ヒル氏の本（Helping You Helps Me : A Guide Book For Self-Help Groups）を下地にして，日本人向けに書き直したものです。実際にどうやってグループを作れば良いのか，細かく書かれて

います。付録には，規約・会則の例や，日本のセルフヘルプ・グループ名と連絡先が書いてあります。

　「はしがき」に，外口氏が「私たち専門職にある者は，どのように参加できるのでしょうか。その道のりはけわしく，歩みは今始まったばかりです」と書いています。ヒル氏は，「専門職は，セルフ・ヘルプ・グループを「支配」しやすい」としています。しかし，私が思うところでは，グループを支配するような専門職は，専門職としての十分な知識も能力を持っていない「専門職もどき」だと思います。

自立のための援助論
──セルフ・ヘルプ・グループに学ぶ
[著] 久保紘章
[刊行] 川島書店

　本邦3冊目のセルフヘルプ・グループの本です。本論の最初に，「（セルフヘルプ・グループという）ことばは，まだ市民権を得ていないように思われる」と書かれていて，時代の違いを感じます。この本の前半は，久保氏が当事者と会い，それを文章にしたものです。断酒会，リウマチ友の会，ぜんそく友の会，喉頭摘出者の会，市民運動としてのユーテ・サークル，らいのグループなどが紹介されています。さらに，四国学院大学で行われた社会福祉学の授業のなかで，当事者を講師とし

て呼び，それについて学生はどう受け止めたのか，講師として来られた当事者は何を感じたのか，についてもまとめられています。私は，この頃，久保氏と直接お目にかかり，この本をいただきました。

1992

家族会運営のてびき
──新しい家族会活動への提言
[編] 家族会運営検討委員会
[刊行] 全国精神障害者家族会連合会

　精神障害者の家族会に特化した手引き書。非常に詳細で，会則の作り方，陳情書の書き方，などが書かれています。社会の誤解や偏見に対して，精神障害者をもつ家族が立ち上がるべきだとしています。全国のたくさんの当事者によって書かれています。

1994

セルフヘルプ運動とソーシャルワーク実践
──患者会・家族会の運営と支援の方法
[著] 岩田泰夫
[刊行] やどかり出版

　ソーシャルワークとして，セルフヘルプ・グループをどのように支援するか，について書かれた本。専門職とセルフヘルプ・グループの関係というテーマは，現在も続く大きな問題となっています。分厚い本ですが，手作り感の

ある読みやすい本です。この本は，2010年に改訂されてまた出版されます。

1995

セルフ・ヘルプグループによる回復
──アルコール依存症を例として
[著] 平野かよ子
[刊行] 川島書店

　平野氏の社会福祉学の博士論文を元にした本。セルフヘルプ・グループの原点であるアルコール依存症のセルフヘルプ・グループ（AA）について参与観察を行い，発言内容の分析なども行っています。

1997

セルフヘルプ・グループ
[著] A・H・カッツ
[監訳] 久保紘章
[刊行] 岩崎学術出版社

　カッツ氏の定義は超有名で，どんな研究でもこの定義が引用されます。原著は1993年に発行されていますが，1970年代からカッツ氏は著書を執筆しています。

　リースマン氏の本もカッツ氏の本も，久保氏の翻訳です。久保氏の精力的な仕事はすごいなあ，と思います。

1998

セルフヘルプグループ
[編] 大阪セルフヘルプ支援センター

[刊行] 朝日新聞厚生文化事業団

1993年に発足した「大阪セルフヘルプ支援センター」によって編集された冊子です。このセンターは，毎年「セルフヘルプグループセミナー」を開き，実践経験の集積をしてきました。それをまとめた一般向けの安価（500円）なブックレットです。一つひとつの文章は短いものの，グループに対する熱意にあふれています。パニックディスオーダー，インターセックス（半陰陽），吃音，筋無力症，アルコール，中卒・中退の子どもを持つ親，口唇口蓋裂児，再生不良性貧血，精神障害，などのグループについて，実践当事者によって書かれています。また，私も「セルフヘルプ・グループと専門職との関わり」という文章を書きました。

セルフヘルプ・グループの理論と展開
──わが国の実践をふまえて

[著] 久保紘章　石川到覚
[刊行] 中央法規出版

久保氏は社会福祉学者です。この頃，セルフヘルプ・グループの研究では，四国学院大学におられた久保氏が全国をリードしていました。1979年の『セルフ・ヘルプ・カウンセリング』の編者の村山氏は心理学者で九州大学におられたことを考えると，この領域は地方での地道な研究がベースになっている，という感じがします。

セルフヘルプ・グループの定義，タイプ分類，機能と役割などについてまとめられており，さらに，乳がん，精神障害，精神障害家族，知的障害，AA，透析などのグループが紹介されています。

セルフヘルプ・グループ活動の実際
──当事者・家族のインタビューから

[著] 石川到覚　久保紘章
[刊行] 中央法規出版

前著の『セルフヘルプ・グループの理論と展開』が10月に出版され，次いで12月にこの本が出版されました。前著とは違い，当事者や家族へのインタビューにより，レポートがまとめられています。がん，腎臓透析，薬物依存，精神障害者，ハンセン病，重度障害者，子どものがん，骨形成不全，ムコ多糖症，自閉症，ダウン症，障害者の兄弟姉妹，呆け老人をかかえる家族の会，などの会の方から話を聞いています。巻末には1998年時点での全国のセルフヘルプ・グループリストが載っています。

161

1999
セルフヘルプグループ
──わかちあい・ひとりだち・ときはなち

[著] 岡 知史
[刊行] 星和書店

私と同じ頃に研究を始めた岡氏による単著です。岡氏は社会福祉学者で，

上智大学の先生，東京の研究者です。

　誰もセルフヘルプ・グループなどに関心を持たなかった時代から，ずっと独自に研究をされてきた方で，この本の出版の数年前に，分厚い自費出版『セルフヘルプ・グループと「本人の会」の研究』（1993年），『セルフヘルプグループ（本人の会）の研究 Ver.5』（1995年）を出されていて，満を持しての出版でした。岡氏らしい言葉でわかりやすくグループの機能について説明しています。

いでんサポートグループ
——組織づくりから運営までの実践マニュアル
[著] ジョーン・O・ウェイス　ジェイン・S・マクタ
[監訳] 長谷川知子
[刊行] メディカ出版

　原題は，Starting and Sustaining Genetic Support Groups となっており，1996年の発行です。専門家がグループにどう関わるのか，というひとつの答えです。グループの作り方，プログラムの作り方，資金調達などについて書かれています。

　ようやく「サポート・グループ」という名称が出てきた記念すべき出版物でした。

子どもとともに成長する不登校児の「親のグループ」
——ファシリテイターのためのマニュアル
[著] 小野 修
[刊行] 黎明書房

　小野氏は，長く児童相談所に勤めておられました。エンカウンター・グループのファシリテーターを基盤にして実践されています。この本のなかには，「サポート・グループ」という言葉は一度も出てきません。しかし，内容は紛れもないサポート・グループ論です。

セルフヘルプグループ
——自己再生の援助形態
[著] 中田智恵海
[刊行] 八千代出版

　中田氏は「口唇・口蓋裂児と共に歩む会」での活動を元に，セルフヘルプ・グループの研究に入っています。「ひょうごセルフヘルプ支援センター」の運営もされています。

　本書は，セルフヘルプ・グループについての包括的な研究書で，いくつかのグループ事例も取り上げられています。

精神障害者のセルフヘルプ・グループと専門職の支援
[著] 半澤節子
[刊行] やどかり出版

半澤氏ご自身が心臓病を患っていたそうで，その後，看護師・保健師としてセルフヘルプ・グループと関わることになりました。本書は，「専門職の支援」に特化されたものです。著者の熱意と迫力が感じられる本です。

知っていますか? セルフヘルプ・グループ 一問一答

[編著] 伊藤伸二　中田智恵海
[刊行] 解放出版社

吃音問題に取り組んできた伊藤氏が編著者の一人となっています。コンパクトで値段も安くて（1,000円），グループについての初学者の方にもわかりやすい本だと思います。グループの作り方についての記述もあります。

2003

看護カウンセリング 第2版

[著] 広瀬寛子
[刊行] 医学書院

タイトルにサポート・グループという名称は出てこないのですが，第4章に「看護カウンセリングの拡大——サポートグループ」があります。がん患者，遺族，医療者のためのサポート・グループの実践が詳細に書かれています。看護師としてサポート・グループにどう関わるのか，という点が参考になります。

がん患者と家族のためのサポートグループ

[著] デイヴィッド・スピーゲル
キャサリン・クラッセン
[監訳] 朝倉隆司　田中祥子
[刊行] 医学書院

日本語のタイトルが「サポートグループ」となっているので，一応紹介しますが，中身は完全に治療グループで，「支持・感情表出型グループ療法」です。原題は Group Therapy for Cancer Patients で，2000年に発行されています。専門の治療者向けの詳細な本です。

2004

セルフヘルプ・グループ
——当事者へのまなざし

[著] 久保紘章
[刊行] 相川書房

久保氏はこの年に亡くなられており，最後の本となりました。「当事者から学ぶ」ということをずっと考えておられたようです。セルフヘルプ・グループについて生涯をかけて研究されてくると，こんな風におだやかでわかりやすい文章を書けるのだなと思いました。

セルフヘルプ・グループとサポート・グループ実施ガイド
——始め方・続け方・終わり方

[著] 高松 里

163

[刊行] 金剛出版

　本書の旧版。書いているうちに,「サポート・グループ」という概念を日本で初めて定義することになりました。私が臨床心理学の実践・研究者であること,グループを専門にしていて多くのファシリテーター経験を土台にして書かれていることが,この本の特徴です。また,「グループは誰にでも作れる」ということで,チェックシート(本書ではワークシート)を作り,「とにかくわかりやすいマニュアル」を目指したものでした。

2005
暴力家族で育ったあなたへ
──自助グループで気づく回復力
[編] 日本トラウマ・サバイバーズ・ユニオン (JUST)
[刊行] 解放出版社

　精神科医の斎藤学氏が支援するセルフヘルプ・グループの本。いじめや児童虐待,DV,アルコール依存家庭で生きてきたサバイバーたちがそれぞれの経験を語っています。

2008
セルフヘルプグループへの招待
──患者会や家族会の進め方ガイドブック
[著] 岩田泰夫
[刊行] 川島書店

　1988年の『患者・家族会のつくり方と進め方』の改訂版。誰にでもわかりやすい言葉で,セルフヘルプ・グループとはこういうものだ,ということを懇切丁寧に書き記しています。ただ,体験の言語化のプロセスのなかで,グループメンバーの果たす役割については,まだきれいに説明できていないと感じました。この本に刺激を受けて,本改訂増補版では,社会構成主義で改めてグループの機能について説明しようと決心しました。

2009
サポート・グループの実践と展開
[編著] 高松 里
[刊行] 金剛出版

　2004年の『実施ガイド』で出てきた「サポート・グループ」がどのように展開されているのかを書いた本。私の仲間たちに声をかけてみたら,結構グループをやっている人が多くて,たくさんの人に分担執筆していただきました。

セルフヘルプグループ
──自己再生を志向する援助形態
[著] 中田智恵海
[刊行] つむぎ出版

　2000年の中田氏の著書と博士論文からの抜粋によって書かれた本です。2000年の本からさらに理論的にも拡充されています。これからセルフヘルプ・グループの研究をしようとしている人

の参考書としては最適だと思います。

セルフヘルプ・グループの自己物語論
──アルコホリズムと死別体験を例に

[著] 伊藤智樹

[刊行] ハーベスト社

　アルコール依存および死別体験のグループへの参与観察と，インタビューにより，セルフヘルプ・グループを「自己物語構成の場」としてとらえたものです。もともとが社会学の博士論文として書かれたため，一般の方には読みにくいかもしれません。しかし，ナラティヴに焦点を当てている点は興味深いと思います。私も同じ立場に立ちます。また，セルフヘルプ・グループを研究しようとする方は，本書のレビューも参考になると思います。

セルフヘルプ運動と新しいソーシャルワーク実践

[著] 岩田泰夫

[刊行] 中央法規出版

　1994年に発行された『セルフヘルプ運動とソーシャルワーク実践』の改訂版です。ソーシャルワーカーという立場から，セルフヘルプ・グループやセルフヘルプ運動，研究方法などが網羅された分厚い本。セルフヘルプ・グループの「セルフ」とは何か？「グループ」とは何か？　そういう基本的なと

ころから議論しています。これを読むと，岩田氏は実践と理論化を本当にがんばってこられたんだなあと感心してしまいます。とても追いつけそうもないので，私は臨床心理学からのアプローチでがんばろうと思います。

この一冊で「自助グループ」がわかる本
──行ってる人も・迷ってる人も・作りたい人も

[編] 今成知美

[刊行] ASK（アルコール薬物問題全国市民協会）

　セルフヘルプ・グループについて，最初に読む本としてお勧めです。グループに初めて行った日にどんな経験をするか，グループを立ち上げるためにはどうするか，などがわかりやすく読みやすく書かれています。

沖縄戦を生きぬいた人びと
──揺れる想いを語り合えるまでの70年

[著] 吉川麻衣子

[刊行] 創元社

　沖縄出身の若い臨床心理士である吉川氏が，おじいおばあが語り合うサポート・グループを作り，そのなかで話されたことの記録です。誰でもどこかで話を聞いてほしいと思っている，しかしそれを語るにはこんなに時間がかかるのか，と胸を打ちます。

2018

ダルク 回復する依存者たち
──その実践と多様な回復支援

[編] ダルク
[刊行] 明石書店

　DARC は，Drug Addiction Rehabilitation Center の略です。この本を読むと，ダルクはセルフヘルプ・グループも含んでいますが，もっと大きな「治療共同体」なのだとよくわかります。「薬物をやめさせることがダルクの目的ではない」とし「何よりもまず生きていること」と書かれています。柔軟で自律的な各地での活動，徹底して仲間の味方であることなど，心意気が伝わってきます。

2020

発達障害者の当事者活動・自助グループの「いま」と「これから」

[監修] 東條吉邦　藤野 博
[編著] 高森 明
[刊行] 金子書房

　この本を読むと，発達障害関連の活動が活発になっていることがわかります。特に，NPO 法人化して，受託事業を行うことの実際がとても勉強になりました。ただ，グループ活動では苦労されている方が多いようです。担当者が疲弊してしまったり，グループ同士のトラブルなどが報告されています。また，専門家が関わる場合でも，その専門家が必ずしもグループダイナミクスについて知っているわけではない，という指摘もされています。

　新しい広がりとその難しさが率直に書かれていて，とても参考になります。

アルコホーリクス・アノニマスの歴史
──酒を手ばなした人びとをむすぶ

[著] アーネスト・カーツ
[訳] 葛西賢太　岡崎直人　菅 仁美
[刊行] 明石書店

　断酒に取り組むアルコホーリクス・アノニマス（AA）の歴史を研究した本です。オリジナルは 1979 年の発行で，まずその分厚さに圧倒されます。博士論文を元にして書かれていますが，著者自身もアルコール依存症でした。セルフヘルプ・グループのひとつの原点である AA の歴史からは，たくさんのことを学ぶことができます。翻訳も大変だったと思います。

未訳

1997

Self-Help and Support Groups : A Handbook for Practitioners

[著] Linda Farris Kurtz
[刊行] Sage Publications

　セルフヘルプ・グループとサポート・グループの定義が載っています。私もこの本を参照して，定義を作りました。

まとめ

セルフヘルプ・グループに関する本をすべて，大学の研究室から自宅に持ち帰り，ゆっくりと読み直しながら，この紹介文を作りました。恩師である村山氏から始まり，久保氏，外口氏，岩田氏，岡氏など懐かしい顔ぶれが出てきました。

1979年にセルフヘルプ・グループが著書としては初めて日本に紹介され，1985年に翻訳書が出版されました。その後，家族会・患者会についての本が1988〜1994年にかけて数冊立て続けに出版されています。さらに，さまざまなグループの実際の活動を紹介するものが出版され，1999年に岡氏の『セルフヘルプグループ』が出されて，グループについての基本的な考え方や領域が確定していきます。

続いて，さまざまな領域（遺伝，不登校・ひきこもり，がん，暴力，アルコール）などについてのまとまった著書が出版されていきました。

サポート・グループについては，1999年の『いでんサポートグループ』で初めてこの名称が使われ，2004年の私の本で最初に定義されています。実践集が2009年に出され，全体像が見えてきます。そして，吉川氏が沖縄戦のサポート・グループについて書いた本が最新のものです。

全体を通してみて，まず気づくことは，福祉系の方が多く関わっているということです。また社会学や看護学の研究者もいます。残念ながら心理の人はあまりいません。心理系の人にも，もっと地域社会のなかで活躍してもらえたらなと思います。

そして，改めて思ったのですが，本書『セルフヘルプ・グループとサポート・グループ実施ガイド』の特徴は，臨床心理学の人間が，それも小グループを専門にしている実践家（つまり私です）が作った，ということです。グループ・ファシリテーターとしての経験でしたら，数限りなくあります。ですので，グループを作り，そのなかでどんな行動をすれば援助的になるのかは，心理の実践家だからこそ言えることがたくさんあると思うのです。

一方で，社会に向けて働きかけるとか，NPO法人化するとか，社会変革という視点は，心理では弱いことを認めざるをえません。マイノリティの問題は，まずはその問題が存在しているということを知ってもらう必要があります。社会福祉系の研究者が活躍しているのも当然だと言えます。

今後，研究者同士が一堂に会するとか，共同研究を行うとか，そういうことがあると，より多面的にグループを理解することができるでしょう。

改訂増補版を読む

九州大学名誉教授・東亜大学大学院教授

村山正治

　著者から改訂増補版の序文依頼をいただきました。光栄なことです。高松さんとは今でも研究仲間です。

　ゲラ刷りを拝見しているうちに，私自身の読後感を自由に書いて，本書の魅力を伝えてみたい気持ちが動いてきました。序文でなく，読後感を書いて送り，私の希望を著者・編集者にお伝えしました。

　なんと，私のわがままをお認めいただき，型破りの「改訂増補版を読む」に落ち着きました。私のつたない読後感が，高松さんへの応援歌になり，読者の皆さんへの橋渡しとしてお役に立てばありがたいことです。

1　著者のこと

　著者の高松里さんは，私の九州大学教育学部時代の大学院生の一人でした。修士論文（1984），「日本におけるセルフヘルプ・グループに関する研究（博士課程修了論文／1988）」以来，30年にわたり一貫してセルフヘルプ・グループとサポート・グループの実践と研究を牽引してきました。日本におけるこの領域のパイオニアです。その実践と研究が高く評価され，2008年には日本人間性心理学会学会賞を受賞し，また『臨床心理学』「特集 必携保存版 臨床心理学実践ガイド」（2017）に「サポートグループ」の項目を執筆しています。日本の第一人者であると言っていいでしょう。エンカウンターグループやフィンランド研修を共にしてきた仲間として大変誇りに感じています。

2　本書の魅力・読んで感じたこと

1　「おわりに」と「著者略歴」を先に読んでみることのすすめ

　ここを読むと著者を身近に感じます。本書全体を著者の「ライフストーリー」のひとつとして読むと実に面白くなります。この本の全体像と意義がすっと頭に入ってきます。

2　自分も創ってみたくなる・実施してみたくなる

　本書を読んでいると，「セルフヘルプ・グループやサポート・グループを実践したい」という気持ちが湧いてくるのです。旧版には感じなかった読後感です。何だろうか，この感じは？　それはイントロの文章の魅力です。読んでみると「今，こんな感じの世界（サポート・グループの世界）が世の中にあるのかな。競争と評価，勝ち負けの世界があるだけではない」とか，「こころが伸び伸びしてくる。私も仲間とこんな世界を作ってみたい」と私を誘い込んでくる安心感，包み込まれる柔らかさを感じました。本書にフィンランド研修旅行のことが書いてあります。著者は多様な楽器を演奏できる才能をお持ちです。昼休みにフィンランド・ケロプダス病院の食堂で，著者のギター弾きで言語を超えてフィンランド人数人と，一緒に歌を歌った経験が浮かんできました。言語の壁を乗り越える一体感，親密感でした。このイントロの文章が，読者にギターと同じような役割を果たしているような感じでした。

3　著者の素直な自分語りが随所に出てくる

　これも魅力のひとつです。著者の創設したサポート・グループ「月曜会の体験」のプロセスの記述，「うまくいかない体験」「著者自身のマイノリティ体験」「社会構成主義」など随所に出てきます。高松里が「著者」という看板の後ろに隠れていないで，素直な顔を見せている。著者との対話ができます。読んでいると著者と読者である私との人間としての対等感が出てきます。不思議な本です。新しい書き方の本です。高松物語を読んでいる感じがしますが，それでいてポイントはきちんと頭に入ってきます。名ガイドです。

4　丁寧なガイドの提供

　以下，いくつかの点に絞って名ガイドとしての本書の特徴を挙げてみます。

①著者は編集方針を「シンプルだが必要なことを網羅する」と冒頭に書いています。

②「目的と種類」を読むと，「専門書」として現時点で必要なことが網羅されている実感が持てます。

③「目的の明示」では5つの目的が挙げられています。問題解決ではなく問題との付き合い方，病気との共存，特定の病気をもった人たちだけでなく，社会生活で誰でもぶつかる課題に一人で抱えるのではなく，仲間で相互支援していくツールであることが明快に述べられています。類書にない明快な目的提示です。医学モデルではなく，セルフヘルプ・グループやサポート・グループは問題や病気をなくすことでもなく，人生にとっての意味を問うことを目的にしていて，人間学的モデルと呼んでみたいと思います。新しく現代的意義が強調されています。

④グループの種類として，精神障害から始まり，課題別に40以上の現存するグループの名称が列挙されています。これを読むと，私たちが社会生活でぶつかるあらゆる困りごとについてグループを創って動いている社会の現状がよくわかります。私が知らないだけでした。社会への働きかけもできるのです。

⑤「当事者主権とは，私が私の主権者である，私以外のだれも——国家も，家族も，専門家も——私がだれであるか，私のニーズが何であるかを代わって決めることを許さない，という立場の表明である」（中西正司・上野千鶴子『当事者主権』）を引用して，当事者主権に注目しています。サポート・グループはわれわれ一人ひとりが生きていくうえでぶつかる課題に立ち向かう権利があること，そのときに自分や仲間と作ることができる権利があること，つまりセルフヘルプ・グループやサポート・グループの社会的役割を明快に提示したことが優れています。言語化にこだわる著者の真骨頂です。私にはとても新鮮でした。

心理系の読者には特に大切な視点です。

⑥「あなたは一人でない」「あなたはあなたのままでいい」「あなたには力がある」「人との結びつきの回復」「世界との関係を回復する」など，現代のPCAやオープンダイアローグなどに通底しているグループ観・人間観ですが，改めて明記していることで，現代の重要な潮流とのつながり，共通点を感じ取ることができます。著者の大きな貢献です。

⑦著者は心理系，小グループの専門家なので，類書にない実践活動，開始と終結，ファシリテーション，終え方，プロセス，ファシリテーターの在り方を具体的に明確にしています。また社会変革という点では心理系は弱いので今後の奮起を促しています。コロナ禍で見えてきたことは，エッセンシャルワーカーの報酬の低さ，多職種の共同支援，貧困で医療を受けられない事態などです。

⑧文献の手際よい紹介があります。現在のこの業界の全体が見える楽しさがあります。「コラム」「注」を適切に配置して，争点の整理，言葉の定義を書いている。文献を読んでみたくなるのです。

5　きちんとした自説の展開

セルフヘルプ・グループとサポート・グループの相違を理解しながら，両者を含めた書名にしています。通常は峻別している「当事者グループ」という名称を本書では使わない理由も書いてあります。セルフヘルプ・グループとサポート・グループは私たちが生きていくときに活用できる極めて現代的なツールであることが理解でき，しかも必要に応じて手軽に作れるネットワークです。そのノウハウが具体的に書いている貴重なガイドです。私などが実践してきたエンカウンターグループより日常生活に近い言葉です。

6　今後の展開の方向をめぐって

第3部「グループについてさらに知る」は，新しい見解と今後の発展を目指す視点が満載である。高松哲学の主張が中心の記述となっています。「ライフストーリー」や「経験の言語化」の重要性を力説しています。ここは解説

でなく，これまでの体験から生まれた言語化の3ステップモデルも出てきます。高松さんの『ライフストーリー・レビュー入門』も出てきます。高松さんの活動を支えている視点は社会構成主義です（コラム6参照）。私にはその解説はできませんが，21世紀のパラダイムであり重要な基礎理論のひとつとして理解しています。

21世紀は大転換期です。コロナ禍で見えてきた新しいパラダイムの創造時代です。私はフレデリック・ラルーのティール組織論，福岡伸一の動的平衡論，ロジャースの科学論や人間論，ジェンドリンの体験過程理論，オープンダイアローグ，不確実性に耐えるネガティブ・ケイパビリティ，新自由主義経済に代わるポスト資本主義などに関心をもっています。私は社会構成主義を心理臨床の発展にとり魅力的なパラダイムのひとつと理解しています。お勧めの野口裕二の著書から入ってみたい気持ちです。

3　おわりに

本書は，未来を創造していくプロセスで私たちの誰もがぶつかる困りごとや課題に，一人で悩むのではなく，仲間と共に，安心して取り組める居場所づくりに役立つ，素晴らしいガイドブックです。本書は，第一に，エンカウンターグループや集団療法などの専門家に読んでいただきたい。共通点と相違点が明確になり，相互の利用がはかられグループ活動がより盛んになり，自他の立場がよく理解できるからです。また，すでにセルフヘルプ・グループとサポート・グループを実践されている方々にとっては，さらに充実する時間を創るヒントが満載です。サードプレイス論の具体化のひとつでもあるので，それぞれにニーズに応じた形態を作るヒントも得られるでしょう。オンラインも可能でしょう。高齢者福祉施設，ターミナルケア，刑務所の更生教育，福祉行政・教育行政に携わっている専門職の方々にも有益でしょう。最近，がん罹患者のピアサポート・グループなども生まれてきています。医療関係者の方々にもぜひ読んでいただきたい。

173

おわりに

　改訂作業というのは，過去の自分との対話のようなものだと思いました。16年前に何をやっていたのか，どんな思いを込めてこれを書いたのか。そんなことを考える時間でした。

　旧版を発行してから，現在までの様子を少し振り返っておきます。
　「はじめに」でも触れたように，旧版は多くの方に利用していただきました。セルフヘルプ・グループはこの社会に無数にあり，その後も増えていきました。日常的なサポートシステムとして，しっかりと社会に根づいているように見えます。また，サポート・グループの考え方も徐々に浸透してきました。『臨床心理学』誌（金剛出版）の100号記念特集「臨床心理学実践ガイド」[1]にも，キーワードのひとつとして取り上げられました。また，東京で「サポート・グループ・セミナー」を開催し，さまざまなグループの実践の報告・検討を行ってきました。
　セルフヘルプ・グループもサポート・グループも，「こんなグループがあったら良いのになあ」と考えたときに，それほど気張らずに，お金もかからずに実施できるものです。グループを開くことで，病気や障害との付き合い方だけではなく，自分がどんな生き方をしたいのかを考えることになります。

　私自身はどうだったのか？
　旧版にも書きましたが，1999年，私が42歳のときに「がん疑い」というこ

175

---

［1］『臨床心理学』第17巻第4号，2017年7月／高松が「サポート・グループ」を執筆。

とで，「検査入院に引き続き手術」と医師から言われました。ところが精密検査の結果，何も見つからずそのまま放免となってしまったのです。当時，九州大学での勤務以外にもさまざまな非常勤をこなし，夜は研究会があり，土日は犯罪被害者支援や性暴力被害者支援，あるいは講演をして，超多忙となっていました。

　ほとんど私生活がなくなり，（今では考えられませんが）趣味はひとつもありませんでした。その頃に，この「がん騒動」が勃発し，私の生活はすっかり変わりました。そのとき，「言葉というものは凄いものだ」と思いました。がん自体は結局なかったわけですが，「悪性でしょうね」という言葉により，私のライフストーリーは全く別の方向に動き出したのです。「もっとゆっくりと幸せに生きたい」と強く思いました。

　そこからは試行錯誤というか悪戦苦闘というか，色々と違った生き方を試そうとしてきました。自転車で長距離を走るようになり，音楽ライブをし，世界の辺境を歩く，というような，思ってもいなかったことが日常生活に定着しました。その結果，確かに前よりも生きることが楽しくなりました。この世界の美しいものをたくさん目にしました。

　活動としては，2006年から「スロー・エンカウンター・グループin沖縄」という3泊4日のグループを仲間と一緒に始めました。スローと名乗っているように，沖縄という風土のなかで，みんなと一緒にゆっくり過ごそうというものです。これは現在も継続中です。

　また，2007年くらいから永野浩二さん（追手門学院大学）を中心に「中年期である自分たちのための将来計画ワークショップ」の試行が始まり，2010年からは「ミドルエイジを生きる」という公開ワークショップを数回行いました。

　その頃から，毎年夏に海外に出るようになります。アジア各地（ラオスが気に入りました），太平洋の島々（ミクロネシアやサモアなど），アフリカ（モロッコやボツワナ）などに行きました。そういう国から日本に帰ってくると，みんな暗い顔をしているように見えました。こんなに豊かでお金もあるのに，

幸せそうには見えませんでした。

　仕事が忙しすぎる，と思いました。そこで，「働き方研究所」というネットワークを作り，大阪で「幸せな働き方創造セミナー」（永野浩二さんと立命館アジア太平洋大学の平井達也さんと一緒に）を実施しました。

　最近では，難病支援に少し関わっています。世の中には，さまざまな苦労があるし，それでも幸せそうに生きている人がたくさんいると思いました。

　現在の関心は，「経験の言語化」という一言に尽きます。本業の留学生カウンセリングにおいても，彼らがなぜ自分の悩みを言語化できないのか，ということがだんだんわかってきました。2017年にフィンランドに行き「オープン・ダイアローグ」に触れたことも刺激になりました。言語化には他者（聴き手）が必要である，ということを強く感じました。

　コラムでも書きましたが，この原稿を書いている今（2020年），新型コロナウイルスの感染は続いています。私はどこかで，しばらくすると収束して元の生活に戻れる，と思っていたみたいです。でも，どうやら元の生活は帰ってこないことがわかってきました。それを認めるには時間と，他の人と話すことが必要でした。ある意味ショック状態であり，どうするのが正しい行動なのか，さっぱりわかりませんでした。

　それでとりあえず，在宅勤務をしながらこの本の原稿を最初から見直し，体裁を整えることができました。「やるべき仕事」を淡々とこなすことで，日常性を保とうとしていたのかもしれません。この本を見るたびに，新型コロナウイルスのことと，どこにも行けず誰とも会えない今の生活を思い出すことでしょう。

　今回も多くの方にお世話になりました。

　恩師の村山正治先生は，常に「新しいことをする」ことを励ましてくれました。旧版同様に，今回も「応援」の文章をいただきました。北海道を出て，村山先生と出会えたことが私の人生の最大の転機だったと言えます。ありがとうございました。

177

おわりに

本書の「ワークシート」改訂に際しては，旧版の「チェックリスト」を参考に，サポート・グループを始められた方々にお会いして，直接ご意見をいただきました。性的マイノリティのグループをされている長野香さんと宮腰辰男さん，膠原病のグループをされている大河内範子さんには，実際にワークシートにご記入いただき，改訂への示唆をいただきました。ほかにも，ひきこもりグループの板東充彦さん，在日コリアングループの尹成秀さんからは，サポート・グループの特徴について色々とご意見をいただきました。

　また，「スロー・エンカウンター・グループin沖縄」スタッフである井内かおるさん，村久保雅孝さん，都能美智代さん，平井達也さん，吉川麻衣子さんには，新しいグループを展開するための勇気をもらいました。

　最後に，本書の改訂は，金剛出版の藤井裕二さんの勧めがあったからです。また，新しい一歩が踏み出せました。ありがとうございました。

新型コロナ下の福岡にて
高松 里

高松 里（たかまつ さとし）
九州大学留学生センター准教授（臨床心理士・公認心理師）。

1957年生まれ。北海道大学教育学部卒業。九州大学大学院教育学研究科博士後期課程単位取得満期退学。

専門は，多文化間カウンセリング。30年以上，留学生との関わりを続けている。個人カウンセリングのほか，学部・大学院それぞれで「多文化クラス」を展開。『ライフストーリー・レビュー入門』（2015年，創元社）のなかで，「異文化とは，その人が従来から持っている言葉では表現できない状況」というナラティヴ的な新しい定義を提案。

大学3年生のときにエンカウンター・グループに出会い，北海道を出て勉強を続ける勇気をもらった。大学院からはセルフヘルプ・グループの実践・研究を行い，地域で継続グループを開始。その後，性暴力・犯罪被害者支援活動に参加し，サポートグループの発想を得た。現在は多くのサポート・グループのスーパーバイズや研究会を行っている。
また，2017年の夏，フィンランドで「オープン・ダイアローグ」の研修を受け，対話における言語生成が，我々をこの世界に結びつけていると強く実感した。
最近では，「経験の言語化」というテーマに最も関心を持っている。私たちは，どういう時に経験を語ることができるのか，語られなかった経験はどうなるのか，などのテーマで研究発表を行っている。

著書としては，本書の旧版である『セルフヘルプ・グループとサポート・グループ実施ガイド』（単著，2004年，金剛出版），『日本に住む外国人留学生Q＆A』（単著，2005年，解放出版社），『サポート・グループの実践と展開』（編著，2009年，金剛出版），『パーソンセンタード・アプローチの挑戦』（編著，2011年，創元社），『ライフストーリー・レビュー入門』（単著，2015年，創元社）ほか，分担執筆多数。

音楽（ギターとピアノ）と自転車と辺境旅行が趣味。2014年夏から5回に分けて，スペイン巡礼道「カミーノ・デ・サンティアゴ」800キロを歩いている。2020年は最終年だったが，新型コロナウイルスで行けなくなった。仕方がないので，四国お遍路に行ったらすっかりはまり，「すべては空ですよ」などと言い始めている。人生何が起こるかわからない。

改訂増補
セルフヘルプ・グループとサポート・グループ実施ガイド
始め方・続け方・終わり方

2004年 9 月25日　初版発行
2009年11月30日　新装版発行
2021年 2 月10日　改訂増補版発行

著者 ——— 髙松 里

発行者 —— 立石正信
発行所 —— 株式会社 金剛出版
　　　　　〒112-0005 東京都文京区水道1-5-16　電話 03-3815-6661　振替 00120-6-34848

装丁◉HOLON　　本文組版◉石倉康次　　印刷・製本◉平河工業社
ISBN978-4-7724-1803-4 C3011　　©2021 Printed in Japan

統合失調症を持つ人への援助論
人とのつながりを取り戻すために

［著］＝向谷地生良

●四六判　●上製　●244頁　●本体 **2,400**円＋税
● ISBN978-4-7724-1059-5 C3047

精神医療には当事者の力を前提とした援助が求められる。
「べてるの家」の設立にたずさわった経験から，
真に当事者の利益につながる支援の方法，
精神障害者への援助の心得をわかりやすく解説する。

コミュニティ支援，べてる式。

［編著］＝向谷地生良　小林 茂

●四六判　●上製　●272頁　●本体 **2,600**円＋税
● ISBN978-4-7724-1299-5 C3011

希望へと降りてゆく共生の技法，
当事者・支援者・町民総出の「地域まるごと当事者研究」，
医療中心主義を転覆させた「べてるの地域主義」を，
さまざまな事例を交えて紹介する。

グループと精神科看護

［著］＝武井麻子

●A5判　●上製　●272頁　●本体 **3,400**円＋税
● ISBN978-4-7724-1245-2 C3011

患者との良好なコミュニケーションが求められる
看護師・ケースワーカーという仕事の実際，
さらにはグループワークの方法を解説。
精神科看護における働き方が具体的によくわかる必読の一冊。

コンシューマーの視点による

本物のパートナーシップとは何か?
精神保健福祉のキーコンセプト

[著]=ジャネット・マアー　[監訳]=野中 猛

●A5判 ●並製 ●130頁 ●本体 **1,800**円+税
● ISBN978-4-7724-1459-3 C3011

精神障害をもつ人がその人らしく生活していくための
本人と支援者とのパートナーシップによる
地域づくりを探求する。

統合的短期型ソーシャルワーク
ISTT の理論と実践

[著]=エダ・ゴールドシュタイン ほか　[監訳]=福山和女　小原眞知子

●A5判 ●上製 ●296頁 ●本体 **4,600**円+税
● ISBN978-4-7724-1370-1 C3036

素早いアセスメントを通じて困難ケースの本質を見抜き
効果的な介入を構築するために何ができるか。
複数のソーシャルワーク理論のエッセンスを抽出した
統合的短期型ソーシャルワークの理論と実践。

リカバリー
希望をもたらすエンパワーメントモデル

[著]=カタナ・ブラウン　[監訳]=坂本明子

●A5判 ●並製 ●240頁 ●本体 **3,000**円+税
● ISBN978-4-7724-1255-1 C3047

精神障害者の当事者運動のなかで生まれ,
今や世界中の精神保健医療福祉にインパクトを与える「リカバリー」。
パトリシア・ディーガン, メアリー・エレン・コープランドほか
先駆者の議論を集めた精神障害者リカバリーモデルの思想と技術。

『臨床心理学』増刊第9号
みんなの当事者研究

[編]=熊谷晋一郎

●B5判 ●並製 ●205頁 ●本体 **2,400**円＋税
● ISBN978-4-7724-1571-2 C3011

浦河べてるの家から生まれ依存症自助グループと発展した当事者研究。
國分功一郎と熊谷晋一郎が語り合い，
当代随一の書き手たちが語り尽くす！

『臨床心理学』増刊第10号
当事者研究と専門知
生き延びるための知の再配置

[責任編集]=熊谷晋一郎

●B5判 ●並製 ●170頁 ●本体 **2,400**円＋税
● ISBN978-4-7724-1641-2 C3011

医療・保健・福祉領域における静かなる革命「当事者研究」と
多様なフィールドの専門知とのコール・アンド・レスポンスが生み出す
生き延びるための知の再編成の試み。

『臨床心理学』増刊第11号
当事者研究をはじめよう

[責任編集]=熊谷晋一郎

●B5判 ●並製 ●220頁 ●本体 **2,400**円＋税
● ISBN978-4-7724-1715-0 C3011

「みんなの当事者研究」「当事者研究と専門知」に続く
当事者研究三部作の第三弾。
いま・ここから当事者研究をはじめるための必携ガイド。